1920
⑦アントワープ大会

1924
❶シャモニー・モンブラン冬季《とうき》大会
⑧パリ大会

1928
❷サン・モリッツ冬季《とうき》大会
●日本冬季《とうき》オリンピック初参加《はつさんか》
⑨アムステルダム大会

1932
❸レークプラシッド冬季《とうき》大会
⑩ロサンゼルス大会

1936
❹ガルミッシュ・パルテンキルヘン冬季《とうき》大会
⑪ベルリン大会

1938
●クーベルタンの慰霊祭《いれいさい》がオリンピア遺跡《いせき》でおこなわれる
●1940年第12回オリンピック・東京大会の返上《へんじょう》が決定

1939
●第二次世界大戦《せかいたいせん》おこる

1940
⑫ヘルシンキ大会中止

1944
⑬ロンドン大会中止

1945
●第二次世界大戦《せかいたいせん》が終戦《しゅうせん》をむかえる

ピエール・ド・クーベルタン 1937

嘉納治五郎《かのうじごろう》 1938

1931

1927 中村 裕《なかむら ゆたか》

オリンピック・パラリンピックにつくした人びと

嘉《か》納《のう》治《じ》五《ご》郎《ろう》

日本のオリンピックの父

文　佐野慎輔
絵　しちみ楼

もくじ

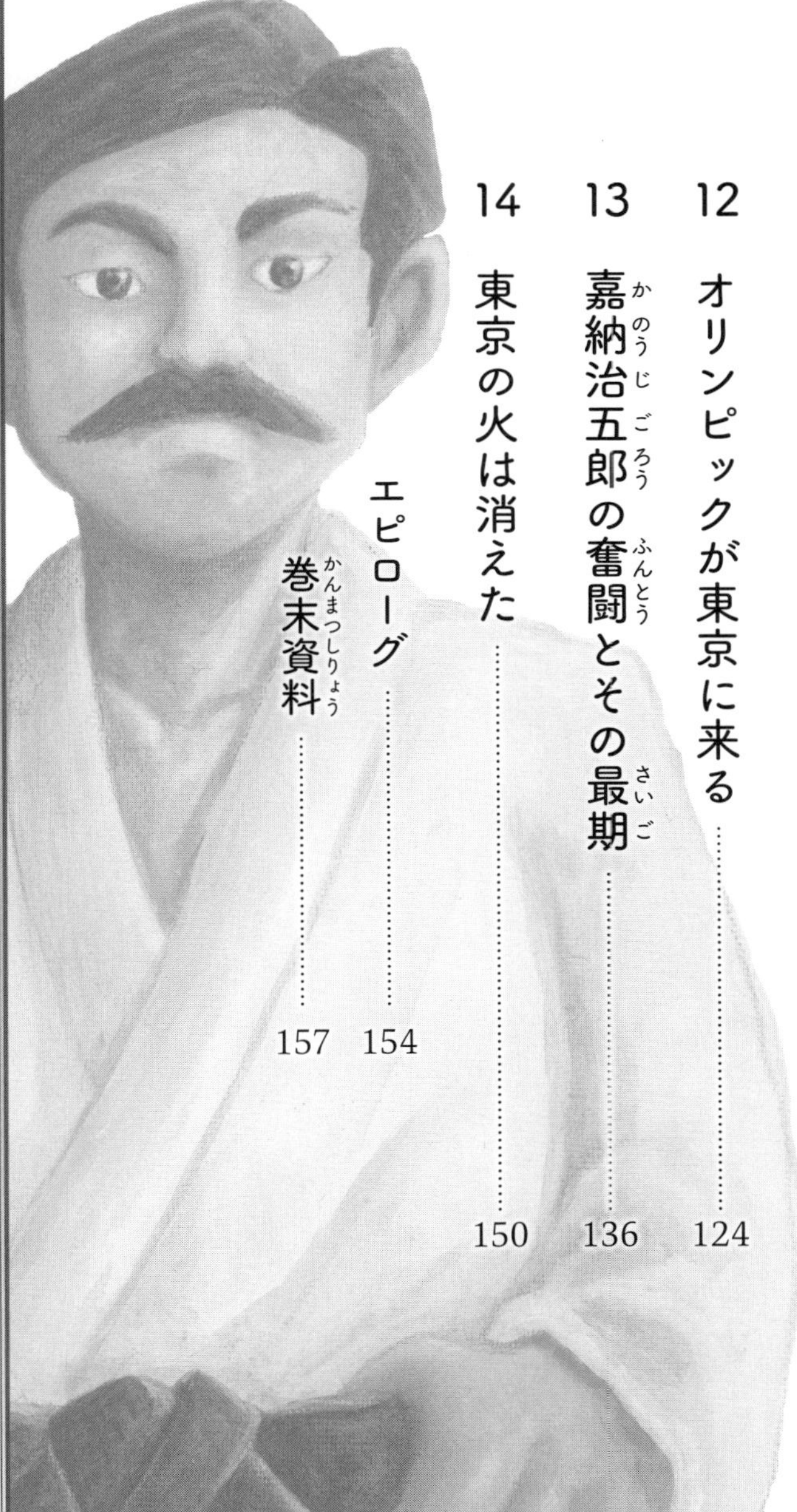

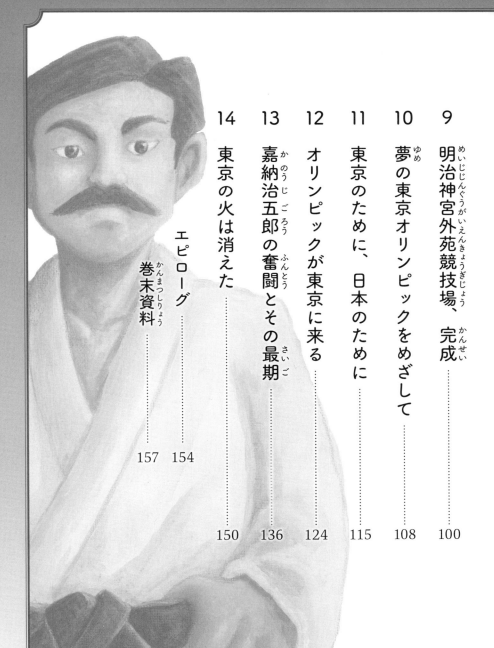

プロローグ

1909（明治《めいじ》42）年、年が明けて間もない1月16日。東京高等師範《しはん》学校校長の嘉納治五郎《かのうじごろう》はひとりの外国人と向き合っていた。

「カノウさん、あなたを国際《こくさい》オリンピック委員会、IOC《アイオーシー》の委員に推薦《すいせん》したいと思っています。ぜひ、引き受けていただきたいのです」

その外国人は、駐日《ちゅうにち》フランス大使のオーギュスト・ジェラールという。嘉納《かのう》に面会を申しこんだのには理由があった。

「私《わたし》のフランスでの高校時代の同級生に、ピエール・ド・クーベルタンという貴族《きぞく》がいます。彼《かれ》は、世界中の若者《わかもの》が1か所に集まり、スポーツで競《きそ》いながら理解《りかい》しあい、平和に貢献《こうけん》するオリンピックという運動を始めました。1896年に第1回オリンピック競技《きょうぎ》大会をギリシャのアテネで開き、それから4年ごとに大会を開いています」

「私《わたし》もクーベルタン男爵《だんしゃく》のことやオリンピック競技《きょうぎ》大会のことは、書物で読んで少しは知っています。オリンピック運動は、青少年の心と体をきたえる、よいきっかけになると思っています」

「そのオリンピック運動を中心になって運営《うんえい》しているのが、1894年にピエールがつくったIOC《アイオーシー》です。IOC《アイオーシー》にはヨーロッパやアメリカから委員が参加《さんか》して、協力《きょうりょく》しあって事業を進めています。しかし、アジアからはまだひとりの委員も参加《さんか》していません」

「たしかに、日本でもスポーツはとくに若者《わかもの》の間ではさかんになってきました。しかし、オリンピック運動のことを知っている者はあまりいません」

嘉納《かのう》は10代のころから外国語を学び、英語《えいご》には不自由《ふじゆう》しなかった。フランス語も話すことができた。ジェラールは話をするうちに、嘉納《かのう》がIOC《アイオーシー》委員にふさわしい人物だと強く思うようになっていた。

「ピエールは、アジアを代表して、日本がオリンピック事業に参加《さんか》してくれることを望《のぞ》んでいます。ぜひとも、IOC《アイオーシー》委員になってください。お願《ねが》いします」

ジェラールは、一生懸命《いっしょうけんめい》に思いを話した。

「わかりました。お引き受けいたします」

ジェラールの話を聞き終わると、嘉納《かのう》はすぐに答えた。力強い言葉で申し出を受け入れたのだった。

「カノウさん、ありがとう。ピエールも大喜《おおよろこ》びすることでしょう」

ジェラールは顔をほころばせて、手をさし出した。

嘉納《かのう》はその手をぎゅっとにぎり返し、こう思うのだった。

「いつの日か、日本の若者《わかもの》たちがオリンピックに参加《さんか》して、世界の若者《わかもの》たちとスポーツをとおして交流し、世界の平和に貢献《こうけん》してくれるだろう」

1　いじめをバネにして

　1860年というから、まだ江戸《えど》時代だ。万延元年《まんえんがんねん》10月28日（現在《げんざい》の暦《こよみ》では12月10日にあたる）、摂津国《せっつのくに》菟原郡《うはらぐん》御影村《みかげむら》、いまの神戸《こうべ》市東灘《ひがしなだ》区で海運業を営《いとな》む嘉納家《かのうけ》では、あわただしいなかで喜《よろこ》びにつつまれていた。

「でかした、男の子だ」

　当主の嘉納治郎作《かのうじろうさく》ははずんだ声をあげ、妻《つま》の定子《さだこ》をねぎらった。

　嘉納家《かのうけ》はすでに女ふたり、男ふたりの子宝《こだから》にめぐまれていたが、5番目の末《すえ》っ子《こ》の誕生《たんじょう》はまた、格別《かくべつ》なものだ。

　5人きょうだいの末《すえ》っ子《こ》は伸之助《しんのすけ》と名づけられた。少し体は小さかったが、利発《りはつ》そうな顔に未来《みらい》が開けているようだった。

▲生家の庭

伸之助《しんのすけ》は社会が大きく変《か》わろうとしていた時代に生まれた。

伸之助《しんのすけ》が生まれる7か月ほど前、徳川幕府《とくがわばくふ》の政治《せいじ》の中心人物だった井伊直弼《いいなおすけ》が、水戸藩《みとはん》などの浪士《ろうし》に暗殺《あんさつ》される桜田門外《さくらだもんがい》の変《へん》がおきている。

井伊《いい》はその2年前、日本との貿易《ぼうえき》をもとめるアメリカ総領事《そうりょうじ》のタウンゼント・ハリスとの間で、日米修好通商条約《にちべいしゅうこうつうしょうじょうやく》を結《むす》んだ。アメリカの権利《けんり》が大きく、日本には不利《ふり》な内容《ないよう》である。明治《めいじ》時代になって、小村寿太郎《こむらじゅたろう》外務大臣《がいむだいじん》が改正《かいせい》に苦労《くろう》することになる不平等条約《ふびょうどうじょうやく》だ。水戸藩《みとはん》はこの条約《じょうやく》を結《むす》ぶことに反対していた。

このような日本の歴史《れきし》を変《か》える大きな事件《じけん》がおきたが、もう新しい時代に向けた動きを止めることはできない。

父の治郎作《じろうさく》はその新しい風に乗ろうとしていた。

嘉納家《かのうけ》は、もともとは酒造業《しゅぞうぎょう》を営《いとな》んでいた。武士《ぶし》ではなかったが、名字帯刀《みょうじたいとう》（姓《せい》をつけて、刀を持つこと）を特別《とくべつ》に許《ゆる》されていた。

伸之助《しんのすけ》の父の治郎作《じろうさく》は祖父《そふ》・治作《じさく》が亡《な》くなると、

▲父、嘉納治郎作《かのうじろうさく》

家業の酒造業《しゅぞうぎょう》は母の定子《さだこ》のきょうだいにゆずって、海運業を始めた。治郎作《じろうさく》は仕事がいそがしく、ほとんど自宅《じたく》にはもどらない。幼《おさな》い伸之助《しんのすけ》は、ほかのきょうだいとともに母の定子《さだこ》とくらしていた。

母はやさしかった。つねに人を思いやり、困《こま》っている人がいたら、自分のことは忘《わす》れて他人のためにつくすような人だった。嘉納家《かのうけ》には貧《まず》しい人たちが物乞《ものご》いに来た。ふつうなら追いはらわれてしまうのだが、母は、そんな人をよび止めては、食べるものや着るものなどを分けてあげた。

末《すえ》っ子《こ》の伸之助《しんのすけ》は母の愛情《あいじょう》をいっぱい受けて育った。体は小さいが、頭がよく、活発な子どもだった。嘉納家《かのうけ》は裕福《ゆうふく》で広い屋敷《やしき》には遊ぶ所も多く、毎日、近くの子どもたちが遊びに来た。金持ちの家の子もいれば、貧《まず》しい家の子もいる。伸之助《しんのすけ》より年上の子もいれば、もっと小さい子もいる。母はそんな子どもたちに分けへだてなく接《せっ》した。

「みんな、おやつよ」

頃合《ころあ》いをみて、母はお菓子《かし》を配る。小さな手がのびてくる。

「はい、ひとりずつよ。順番《じゅんばん》にね」

伸之助《しんのすけ》が手をのばそうとすると、「おまえはあとで。いつでも食べられるでしょ」

お菓子《かし》を配るときはいつもいちばん最後《さいご》、はしっこのところしかもらえない。数が少ないときにはもらうことさえできなかった。

「人と分けへだてなくつきあう。人の上に立つ者は先に苦しみ、人のあとから喜《よろこ》ぶ」

それが母の教えだ。伸之助《しんのすけ》は末《すえ》っ子《こ》できょうだいからも大事にされたのだろう。ちょっとわがままなところもあった。母はそこをいましめようとしたのだった。

ある日、伸之助《しんのすけ》は近所の子どもたちを引きつれて、近くの川に魚突《さかなつ》きに出かけた。体は小さいけれども運動神経《うんどうしんけい》がよく、泳いでいる魚を小さな刀でしとめることはだれにも負けない。その日も、仲間《なかま》たちが少ししかとれないのに、すぱっ、すぱっとしとめていく。たちまち数十匹《ぴき》の魚をとってしまった。

「すごいねえ、すごいねえ」

仲間《なかま》たちにほめられて、伸之助《しんのすけ》はうれしくなった。家にもどって、使用人たちにも自慢《じまん》してみせた。

「どうだ。すごいだろう」

「坊《ぼっ》ちゃん、さすがだねえ」

調子に乗った伸之助《しんのすけ》は、母にも自慢《じまん》した。ほめられると思っていたら、ようすがちがう。

「伸之助《しんのすけ》、こちらにいらっしゃい」

座敷《ざしき》に正座《せいざ》させられて、態度《たいど》をとがめられた。

「男が自慢《じまん》していいのは、もっと大切なものです。たかが小魚をたくさんとったからといって、自慢《じまん》になどなりません。人がちやほやしてくれたからといって、いい気になるとは、とてもはずかしいことです」

母のはげしい言葉に、だまっているしかなかった。

「刀は武士《ぶし》の魂《たましい》です。日本人の心です。大切な刀で魚をとるとは何事ですか」

日頃《ひごろ》はやさしい母が、別人《べつじん》のようにきびしい表情《ひょうじょう》でしかるのだった。伸之助《しんのすけ》があやまるまで、母はけっして許《ゆる》してはくれなかった。


父は家を留守《るす》にすることが多かったが、教育には熱心《ねっしん》だった。自分も得意《とくい》だった漢学《かんがく》（中国の学問）を早くから子どもたちに学ばせた。

江戸《えど》（いまの東京）からもどってきた日、伸之助《しんのすけ》は父によばれた。

「伸之助《しんのすけ》はいくつになった？」

「6歳《さい》になります」

「そうか、もう始めてもよいな」

「なんでしょうか」

「経書《けいしょ》を読むことだよ。それと書道も学ばねばな」

「はい。わかりました」

経書《けいしょ》とは、中国古代の孔子《こうし》や孟子《もうし》などの教えを書きとめた『論語《ろんご》』や『孟子《もうし》』などの書物のことだ。どんなに頭のよい子だろうと、いまの小学校1年生くらいの子どもにかんたんに理解《りかい》できるものではない。しかし、父も子どものころから経書《けいしょ》を学んでいたし、当時は、裕福《ゆうふく》で教育に熱心《ねっしん》な家庭ではふつうにおこなわれていた勉強だった。

幼《おさな》い仲之助《しんのすけ》に中国の書物の勉強をすすめた父は、「御影村《みかげむら》の近くには経書《けいしょ》を教えてくれる学者がいない」といって、わざわざ山本竹雲《やまもとちくうん》という学者を京都《きょうと》から招《まね》いた。

「子曰《しいわ》く、学びて時にこれを習う、亦《ま》た説《よろこ》ばしからずや（先生がおっしゃった。学んだことをときおり復習《ふくしゅう》して理解《りかい》する。これもまた楽しいことではないか）」

「子曰《しいわ》く、故《ふる》きを温《あたた》めて新しきを知る、以《もっ》て師《し》と成《な》るべし（先生がおっしゃった。先人の学問や事柄《ことがら》を調べて、新しい意味や価値《かち》を知ることは大事なことである）」

幼《おさな》い仲之助《しんのすけ》は、山本《やまもと》のもとで『論語《ろんご》』をはじめ中国の古典《こてん》を学んだ。もともと素質《そしつ》があったのだろう。大人《おとな》でもむずかしい書籍《しょせき》を理解《りかい》して、なんと山本《やまもと》から学んだ内容《ないよう》を集めて小さな本をつくり、親戚《しんせき》の子どもたちに教えるほどだった。

「人に教えることは、自分の頭のなかを整理できるからいい」

伸之助《しんのすけ》はそう考えた。幼《おさな》いころから、のちに偉大《いだい》な教育者になっていく素質《そしつ》があった。

そんな恵《めぐ》まれた日常《にちじょう》が、突然変《とつぜんか》わったのは、時代が変《か》わり、明治《めいじ》2（1869）年のことだった。病弱だった母、定子《さだこ》が亡《な》くなった。

「母上っ、母上っ」

伸之助《しんのすけ》は母の遺体《いたい》に取りすがって泣《な》いた。8歳《さい》。まだまだ母に甘《あま》えていたい年頃《としごろ》だ。

父はそのころ、海運の知識《ちしき》と経験《けいけん》をかわれて明治新政府《めいじしんせいふ》ではたらいていた。江戸《えど》から地名を変《か》えた東京の日本橋蛎殻町《にほんばしかきがらちょう》に自宅《じたく》をかまえ、徳川幕府《とくがわばくふ》時代から嘉納家《かのうけ》と関係《かんけい》が深く、政府《せいふ》にも影響力《えいきょうりょく》があった勝海舟《かつかいしゅう》の推薦《すいせん》で海軍省《かいぐんしょう》につとめていた。

「伸之助《しんのすけ》、東京に来い。東京は大きいぞ」

父は、母を亡《な》くしてふさいでいる末《すえ》っ子《こ》に、新しい時代のようすを語って聞かせた。頭のよいこの子を、世の中の役に立つ人間に育てたかった。

伸之助《しんのすけ》も、東京に行きたいと思っていた。もっと小さかったころ、姉たちにこんな話をしていたことがあった。

「私《わたし》はいつまでもこの村にはいないよ。江戸《えど》に行ってえらい人になるんだ」

1870年、伸之助《しんのすけ》が9歳《さい》のとき、すぐ上の兄の謙作《けんさく》とともに東京に向かった。

御影村《みかげむら》とちがい、東京は見るもの、聞くものすべてが新鮮《しんせん》だった。伸之《しんの》助《すけ》は変《か》わっていく街《まち》のようすなどがおもしろくて、よく日本橋《にほんばし》や銀座《ぎんざ》あたりを歩いた。そして、母を亡《な》くした悲しさを忘《わす》れるためにも、勉強に打ちこもうと思い始めていた。

そんな伸之助《しんのすけ》に父は言った。

「どうだ、また経書《けいしょ》の勉強と習字を始めるか」

「はい。私《わたし》もそう思っておりました」

▲治五郎《じごろう》10歳《さい》（右）。左は兄の謙作《けんさく》

このころ、幼名《ようめい》の伸之助《しんのすけ》から治五郎《じごろう》に名前を変《か》えている。そして、日本橋《にほんばし》の自宅《じたく》からそう遠くない両国《りょうごく》にある「成達書塾《せいたつしょじゅく》」に入門した。先生は生方桂堂《うぶかたけいどう》といい、中国の古典《こてん》にくわしく、書を通じて集中力を身につけ、日本人の心のもち方を教えるような人物だ。

入門してまもなく、治五郎《じごろう》は生方《うぶかた》によばれた。

「嘉納《かのう》くん、きみはすでに経書《けいしょ》の勉強を終えているな。だったら、新しい学問に挑戦《ちょうせん》してみないか」

「新しい学問ですか」

「そうだ。経書《けいしょ》の勉強も大事だが、明治《めいじ》になって日本は変《か》わろうとしている。もっと、いろいろな知識《ちしき》を深めていかねばならないと思う」

生方《うぶかた》は、『国史略《こくしりゃく》』や『日本外史《にほんがいし》』、『十八史略《じゅうはっしりゃく》』といった歴史書《れきししょ》を読むことをすすめた。

一日の授業《じゅぎょう》が終わると、生方《うぶかた》は治五郎《じごろう》に、歴史《れきし》のいろいろな物語を話してくれた。毎日、それが日課《にっか》となった。

もうひとつ、宿題のようなものも出された。

「一日に三帖《じょう》、ていねいに習字をしなさい」

三帖《じょう》とかんたんにいうが、一帖《じょう》は半紙20枚《まい》。つまり、半紙60枚《まい》分の字を書かなければならない。「ていねいに」ということなので、書き損《かそん》じはもちろん、少しでも「ていねいさに欠《か》ける」と生方《うぶかた》に言われたら、枚数《まいすう》に数えられない。

10歳《さい》の治五郎《じごろう》は一生懸命《いっしょうけんめい》、勉強にうちこんだ。

そんなある日、日課《にっか》を終えた生方《うぶかた》は、治五郎《じごろう》の方へ向き直り、こう話を切り出した。

「なあ、嘉納《かのう》くん。きみの努力《どりょく》はすばらしい。日本や中国の歴史《れきし》はよく学んだ。そこでだ、私《わたし》はもっと別《べつ》の学問も学ぶ必要《ひつよう》があると思うようになった」

「なんでしょうか。別《べつ》の学問といいますと……」

「英学《えいがく》だ。日本が世界と交わり、世界中の知識《ちしき》を吸収《きゅうしゅう》していかなければならない時代だ。そのためには外国の言葉ができなければならない。英語《えいご》も学ぶとよい」

「私《わたし》は東京に出てきて、すごい速さで街《まち》のようすが変《か》わっていくのにびっくりしました。外国人を見かけて、彼《かれ》らと話ができたらと思うこともありました」

「よしっ、そうしたら神田《かんだ》の箕作《みつくり》先生の塾《じゅく》に通うことにしよう」

生方《うぶかた》は、洋学者、箕作秋坪《みつくりしゅうへい》の「三叉学舎《さんさがくしゃ》」に通うよう手はずをととのえてくれた。

三叉学舎《さんさがくしゃ》は、福沢諭吉《ふくざわゆきち》がつくった慶應義塾《けいおうぎじゅく》、いまの慶應義塾《けいおうぎじゅく》大学とならぶ洋学塾《じゅく》だ。

11歳《さい》の1年間、治五郎《じごろう》は箕作《みつくり》のもとで英語《えいご》や西洋の知識《ちしき》を学んだ。英語《えいご》はおもしろく、進んで勉強にうちこんだ。その間、生方《うぶかた》の塾《じゅく》にも通って習字をつづけた。雨の日も風の日も、病気以外《いがい》では休むことはなかった。その後、「育英義塾《いくえいぎじゅく》」に入塾《にゅうじゅく》した。

育英義塾《いくえいぎじゅく》ではオランダ人やドイツ人の先生が、英語《えいご》やドイツ語のほか、普通学《ふつうがく》とよばれた数学や理科なども英語《えいご》で教えた。

ここには多くの若者《わかもの》が学んでいた。ほとんどは治五郎《じごろう》よりも年上なのだが、箕作《みつくり》のもとで英《えい》語《ご》の基礎《きそ》を学んだ治五郎《じごろう》は、すぐに目立つ存在《そんざい》となった。数学も得意《とくい》で、成績《せいせき》はつねにトップクラスだ。

年が上の生徒《せいと》たちは、それががまんならない。すわろうとした椅子《いす》をひいて転ばせられたり、前を通ろうとすると足をかけて転ばせられたり、来る日も来る日も、意地悪をされた。

「何をするんだ」

負けん気の強い治五郎《じごろう》は向かっていく。

しかし、相手は体も大きく、年も上だ。

「生意気《なまいき》、言うな」とぎゃくに突《つ》き飛《と》ばされた。

育英義塾《いくえいぎじゅく》では塾生《じゅくせい》たちは同じ宿舎《しゅくしゃ》に寝泊《ねと》まりし、勉強と生活をともにする寄宿《きしゅく》生活を送っていた。治五郎《じごろう》も、家を出て寄宿舎《きしゅくしゃ》に入っていた。毎日の生活は決まり事も多く、自分だけの自由な時間も場所もない。

「おもしろくねえな」

「なんか、楽しいことないかなあ」

「そうだ、嘉納《かのう》をいじめてやろう」

「そうだな、あいつ勉強ができて、生意気《なまいき》だし……」

寄宿生《きしゅくせい》たちは欲求不満《よっきゅうふまん》を、体の小さな治五郎《じごろう》にぶつけた。よってたかって、いじめては喜《よろこ》んでいた。

いじめられても、いじめられても治五郎《じごろう》はくちびるをかんで耐《た》えた。幼《おさな》いころに母を亡《な》くした自分には、泣《な》いて帰る場所はない。

「強くなりたい。強くなって、あいつらを見返してやりたい」

自室で、ふとんをかぶるたび、そう思った。

悔《くや》しさを勉強にぶつけ、ますます英語力《えいごりょく》を高めていく。やがて、いじめていた連中《れんちゅう》が頭を下げて、英語《えいご》を教わりにくる。治五郎《じごろう》は育英義塾《いくえいぎじゅく》のリーダーのような存在《そんざい》になっていた。

育英義塾《いくえいぎじゅく》での勉強を1年で終えると、今度は官立《かんりつ》外国語学校英語部《えいごぶ》に入学した。1年後に卒《そつ》業《ぎょう》すると、1875年には14歳《さい》で官立開成学校《かんりつかいせい》に入学する。いまの東京大学だ。

このころ、治五郎《じごろう》は友人あてに英文《えいぶん》の手紙を書いている。

「日本がりっぱな国になり、その国につくすためにも英語《えいご》は重要《じゅうよう》だよ。だから、私《わたし》はつねに英《えい》語《ご》に接《せっ》していたいと思っている」

手紙は若者《わかもの》らしく、誇《ほこ》りと自信《じしん》に満《み》ちていた。

治五郎《じごろう》は、ますます英語《えいご》の学習にはげんだ。

一方で、悩《なや》みの種《たね》のいじめはつづいた。開成《かいせい》学校には武術《ぶじゅつ》できたえた地方出身の少年たちがたくさん集まっていた。この年頃《としごろ》の若者《わかもの》の間では、腕力《わんりょく》の強い者がいちばんいばっている。

「おいっ、いっちょうやろう」

すぐに腕力自慢《わんりょくじまん》が始まる。相撲《すもう》に腕相撲《うでずもう》、重いものを持ち上げる力自慢《ちからじまん》。体の小さな治五郎《じごろう》はいじめの対象《たいしょう》となった。

「相撲《すもう》をとろう」と言っては、思いきり投《な》げ飛《と》ばし、はやし立てた。

「腕相撲《うでずもう》をしよう」と言っては、腕《うで》をねじり、顔をしかめさせては喜《よろこ》ぶ者もいた。

しかし、授業《じゅぎょう》が始まると、治五郎《じごろう》は優等生《ゆうとうせい》だ。育英義塾《いくえいぎじゅく》と同じように、開成《かいせい》学校でもそれが理由となって、「嘉納《かのう》は気に入らん」といってはうさ晴らしの材料《ざいりょう》にされた。

「なにくそっ」

理不尽《りふじん》な仕打ちにあいながら、小柄《こがら》な治五郎《じごろう》は耐《た》えた。

「強くなりたい」という気持ちはますます大きくなっていった。

幼《おさな》いころ、嘉納家《かのうけ》に出入りしていた人に、「日本には柔術《じゅうじゅつ》というものがあり、小さくて力が弱い者でも、大きくて力が強い者に勝つことができる」と聞いたことがあった。

「柔術《じゅうじゅつ》を学べば強くなれる。柔術《じゅうじゅつ》を学びたい」

父の治郎作《じろうさく》には何度も柔術《じゅうじゅつ》を習いたいと話した。

「体を強くするために、柔術《じゅうじゅつ》を習いたいんです。家に出入りしている柔術家《じゅうじゅつか》に教えてもらえるよう取りはからってもらえませんか」

父は耳を貸《か》さない。

「もう時代遅《おく》れの柔術《じゅうじゅつ》など、習っても何の役にも立ちはしない。それよりも学問だよ。学問が世の中を変《か》えるんだよ」

「しかし、柔術《じゅうじゅつ》は精神修養《せいしんしゅうよう》にもなります……」

取りすがる治五郎《じごろう》に、父はいつも無言《むごん》で席《せき》を立った。

「心身ともに強くなりたい」

このごろは柔術《じゅうじゅつ》のことを本で調べたりして、ただ強くなるのではなく、精神《せいしん》もきたえたいと思うようになっていた。

東京の自宅《じたく》に出入りする人のなかに、中井梅成《なかいうめなり》という元徳川幕府《もとどくがわばくふ》の役人だった男がいた。日ごろ、「昔、柔術《じゅうじゅつ》を学んだことがある」といっては人前で柔術《じゅうじゅつ》の形《かた》をやって見せていた。

「中井《なかい》さん、私《わたし》に柔術《じゅうじゅつ》を教えてください」

「いやいや、いまの時代はもうそんな必要《ひつよう》はないよ」

父から言われていたのかもしれない。中井《なかい》は取り合わない。ほかにも何人か自宅《じたく》に出入りする人たちで柔術《じゅうじゅつ》を学んだことのある人にたのんでみたが、みんな同じ反応《はんのう》だった。

1877（明治《めいじ》10）年、開成《かいせい》学校が名前を東京大学にあらためると、東京大学文学部1年に編入《へんにゅう》した。

柔術《じゅうじゅつ》への思いはますます強くなっていたが、父は許《ゆる》してくれない。先生を紹介《しょうかい》もしてくれない。それならと、先生は自分でさがすことにした。

しかし、父が話したとおり、文明開化の明治《めいじ》時代になって柔術《じゅうじゅつ》は人気がなくなり、道場の数はみるみる減《へ》っていた。柔術家《じゅうじゅつか》のなかには生活していくために整骨医《せいこつい》になる人もいた。むやみにさがしまわってもかんたんには見つからない。そこで、作戦《さくせん》を立てた。

「整骨医《せいこつい》なら柔術《じゅうじゅつ》の心得《こころえ》があるだろうから、整骨医《せいこつい》をさがそう」

そう考えて、整骨医《せいこつい》の看板《かんばん》をかかげている人をたずねては、教えてくれる人がいないか聞いてまわった。しかし、だれも取り合ってくれない。「もう、時代が変《か》わったんだよ」と言われるばかりだ。

治五郎《じごろう》は子どものころから、一度決めたらあきらめない。東京大学に通う行き帰りに整骨医《せいこつい》をさがし歩いていると、わずかな手がかりがあった。

日本橋人形町《にほんばしにんぎょうちょう》の八木貞之助《やぎていのすけ》という整骨医《せいこつい》だ。八木《やぎ》はもう老人《ろうじん》で、白髪《しらが》、白ひげだが、筋骨《きんこつ》隆々《りゅうりゅう》とした体格《たいかく》だ。

「私《わたし》は東京大学の学生で嘉納治五郎《かのうじごろう》と申します。妙《みょう》なことをお聞きしますが、八木《やぎ》先生は柔《じゅう》術《じゅつ》をなさいますか」

「たしかに柔術《じゅうじゅつ》の心得《こころえ》はあります。しかし、なぜ、そんなことをお聞きになるのか」

「私《わたし》は体も小さく、力も強くありません。柔術《じゅうじゅつ》で体をきたえ、心身を強くしたいのです」

治五郎《じごろう》は、なぜ柔術《じゅうじゅつ》を学びたいと思ったのか、言葉をつくしてうったえた。

八木《やぎ》はだまって話を聞いていた。そして治五郎《じごろう》の話が終わると、静《しず》かに口を開いた。

「なるほど、あなたの気持ちはわかりました。ただ強くなりたいというのでしたら、すぐ追い返していました。学生さん、あなたの気持ちは本物だと思います。いますぐ、あなたの希望《きぼう》をかなえてあげたいが、ごらんのとおり整骨《せいこつ》を専門《せんもん》にしており、せまいこの場所ではとても教えることなどできません」

「先生、それではどなたか、ほかの先生を教えてください」

「なんとか希望《きぼう》をかなえてあげたいのだが……」

そう言ってしばらく考えていた八木《やぎ》だったが、ふと思い出したように膝《ひざ》をたたいた。

「そうだ、あの男なら、まだ道場をもっているかもしれない」

ひとりの柔術家《じゅうじゅつか》の名をあげて、そこをたずねるよう紹介状《しょうかいじょう》を書いてくれた。

2　柔術《じゅうじゅつ》をきわめて、柔道《じゅうどう》をつくる

八木貞之助《やぎていのすけ》に教えられたとおり、「天神真楊流柔術《てんじんしんようりゅうじゅうじゅつ》」の看板《かんばん》をかかげた道場をたずねた。道場主は福田八之助《ふくだはちのすけ》といって、もとは幕府講武所《ばくふこうぶしょ》で教えていたこともある人だ。

「ごめんください」

「なんだ、何の用か」

「嘉納治五郎《かのうじごろう》と申します。東京大学に通う学生です。先生、どうか、私《わたし》に柔術《じゅうじゅつ》を教えてください。この道場への入門を許《ゆる》してください」

治五郎《じごろう》は八木《やぎ》からの紹介状《しょうかいじょう》をさし出した。福田《ふくだ》は紹介状《しょうかいじょう》を読み、じろっと見た。小柄《こがら》な体を上から下へ、下から上へながめたあと、こう言った。

「ワシの教えはきびしいぞ。ついてこれるかな」

「はい、だいじょうぶです」

入門が許《ゆる》された治五郎《じごろう》は自宅《じたく》にもどり、兄の謙作《けんさく》にも話し、父に福田《ふくだ》道場で柔術《じゅうじゅつ》を学ぶことを許《ゆる》してほしいとお願《ねが》いした。

「生兵法《なまびょうほう》は大けがのもと。なにもいまどき、柔術《じゅうじゅつ》など習わなくてもよいではないか」

父は相変《あいか》わらず、反対だった。しかし、兄とともに何度も何度も頭を下げては、柔術《じゅうじゅつ》を学びたいとうったえた。福田《ふくだ》道場の入門許可《きょか》をもう取っていると言うと、さすがに父もしぶしぶ、認《みと》めてくれた。

「それほどやりたいのなら、修業《しゅぎょう》するのもいいだろう。しかし、男が一度心に決めてやるからには、どこまでもやり通す覚悟《かくご》でなければならない。おまえたちに、それができるのか」

そう聞かれて、兄はうつむいてしまったが、治五郎《じごろう》はすぐに胸《むね》をはって答えた。

「ありがとうございます。かならずやり通します」


柔術《じゅうじゅつ》を学ぶことができる。大喜《おおよろこ》びした治五郎《じごろう》は、福田《ふくだ》のもとに通い始めた。

9畳《じょう》ほどの福田《ふくだ》道場に稽古《けいこ》に来る門下生は4、5人いたが、毎日やって来るのは治五郎《じごろう》と青《あお》木《き》という男のふたりだけだ。

福田《ふくだ》は、手取り足取りして、弟子《でし》を教えることはしない。「見て学ぶ」ことが教えだ。

毎日、福田《ふくだ》から「形《かた》」をならったあと、青木《あおき》と乱取《らんど》りという試合《しあい》形式の稽古《けいこ》をする。天神真《てんじんしん》楊流《ようりゅう》の形《かた》は全部で124手もある。この形《かた》を毎日、ひととおりくり返すのだが、長くつづけているとあきてくる。一方、乱取《らんど》りは真剣勝負《しんけんしょうぶ》のようでおもしろい。

青木《あおき》が休んだり、福田《ふくだ》の体調が悪かったりしたときは、「ひとり稽古《げいこ》」になった。福田《ふくだ》が棒《ぼう》を振《ふ》り、それをよけるように転がっていく稽古《けいこ》だ。

ある日、稽古《けいこ》をしていると、治五郎《じごろう》は福田《ふくだ》から教わったことのない技《わざ》で投《な》げ飛《と》ばされた。

「先生、いまの技《わざ》はどうやってかけるのですか?」

そう聞いたとたん、「おいでなさい」と言われて、いきなり投《な》げ飛《と》ばされた。

そこでまた「この技《わざ》は、手はどうして、足はどうするのですか」と聞き返すと、「さあ、おいでなさい」と言って、また投《な》げ飛《と》ばされた。

3度目に同じことを聞くと、福田《ふくだ》はこう言った。

「なあに、おまえさん方がそんなことを聞いてわかるものか。ただたくさん稽古《けいこ》すればできるようになる。さあ、おいでなさい」

何度投げられても、技《わざ》ができるようになるとは思われなかった。

「こんな教え方では、絶対《ぜったい》にわからない」

福田《ふくだ》の教え方に疑問《ぎもん》をもった治五郎《じごろう》は、自分で人形をつくり、人形を押《お》したり引いたりしながら技《わざ》を研究し、「どうしたら技《わざ》がかけやすくなるのか」と考えるようになった。

毎日、まじめに稽古《けいこ》し、工夫《くふう》しながら取り組んできたおかげだろう。ひ弱だった治五郎《じごろう》はだんだん強くたくましくなっていった。一方で、体中に万金膏《まんきんこう》という湿布薬《しっぷやく》をはりつけては授《じゅ》業《ぎょう》に出る毎日だった。

当時、柔術《じゅうじゅつ》の稽古着《けいこぎ》は、下袴《したばかま》が膝上《ひざうえ》までしかなくてすねはむき出し、上着は袖《そで》が広くてすぐにめくれあがり、すり傷《きず》は絶《た》える間《ま》がなかった。

「なんだおまえ、そのかっこうは」

「柔術《じゅうじゅつ》の稽古《けいこ》で体中が痛《いた》いんだよ」

もう、体が小さいことを理由にしていじめられることはなくなっていたが、かわりに、湿布《しっぷ》薬《やく》だらけの体をひやかされる。

同じ福田《ふくだ》道場の門下生に、福島兼吉《ふくしまけんきち》という魚河岸《うおがし》の魚仲卸《さかななかおろし》をしている人がいた。身長180センチ、体重100キロ以上《いじょう》あり、体が大きくて力が強い福島《ふくしま》にはなかなか勝てなかった。

「どうしても勝ちたい」

治五郎《じごろう》は、負けずぎらいだ。相撲《すもう》の決まり手を覚《おぼ》えたりもしたが、やはり歯が立たない。図書館に通って、手本になるものはないかと手当たりしだい調べた。外国の本まで読みあさった。すると、相手の体の下にもぐりこみ、自分の肩《かた》に乗せて引きずり落とす技《わざ》が目にとまった。

「これは、おもしろそうだな。ためしてみるか」

急いで自宅《じたく》にもどると、書生の山田常次郎《やまだつねじろう》（後の富田常次郎《とみたつねじろう》）をよんだ。

「常次郎《つねじろう》、すぐ来てくれ」

「なんですか」

「いいから、ちょっと稽古《けいこ》相手をしてくれ」

常次郎《つねじろう》に技《わざ》をかけてみると、おもしろいようにかかった。

「どうだ、この技《わざ》は」

「何という技《わざ》ですか。まるで宙《ちゅう》を舞《ま》うようにふんわりと投げられました」

「何という技《わざ》か、私《わたし》にもわからないが、日本にはない技《わざ》だ」

常次郎《つねじろう》を相手に何度も何度も技《わざ》をためして研究した。学校に行くと、今度は体の大きな友人たちをつかまえてはためしてみた。うまい具合に技《わざ》がかかる。そこで、福田《ふくだ》道場で青木《あおき》にもかけてみた。するとどうだ、思ったとおりに投げられるではないか。

「よし、これなら」

自信《じしん》がついた治五郎《じごろう》は意を決して、福島《ふくしま》に挑《いど》んだ。

「ちょっと商売で地方に行っていて、２、３日稽古《けいこ》は休んだが、ところでおれを投《な》げ飛《と》ばす工《く》夫《ふう》はついたかい」

福島《ふくしま》がにやっと笑《わら》った。休んでいる間に、治五郎《じごろう》がなにやら新しい技《わざ》をためしていると聞いていたようだ。どうせ、いつものように負けるんだからという気持ちだったのかもしれない。

試合《しあい》が始まると、いつもとちがって治五郎《じごろう》は動きまわる。それでも福島《ふくしま》はせまい道場のすみに追いつめ、奥襟《おくえり》をつかもうと強引《ごういん》に腕《うで》をのばした。そのときだった。タイミングをみていた治五郎《じごろう》が、福島《ふくしま》ののびた腕《うで》を左手でつかみ、右手を福島《ふくしま》の股《また》の間にさしいれ、体を低《ひく》くして相手の体の下にもぐりこむ。はねるように反《そ》り返《かえ》ると、大きな福島《ふくしま》の体が一回転して落ちた。

「なんだあ、いまの技《わざ》は……」

投げられた福島《ふくしま》がきょとんとした顔で治五郎《じごろう》を見ていた。偶然《ぐうぜん》だと頭を振《ふ》った福島《ふくしま》が、ふたたび飛《と》びかかってきた。また、タイミングをはかって技《わざ》をかけると、福島《ふくしま》の巨体《きょたい》が宙《ちゅう》を舞《ま》った。

「くそっ」

３度目、福島《ふくしま》は本気だ。技《わざ》をかけられないように腰《こし》をひき、腕力《わんりょく》でねじ伏《ふ》せようとしてきた。治五郎《じごろう》は福島《ふくしま》をじらしながら、タイミングを待っていた。そして３度目も見事に技《わざ》がかかって、投げられまいと抵抗《ていこう》していた福島《ふくしま》は、頭から落ちて軽い脳《のう》しんとうをおこした。治五郎《じごろう》と青木《あおき》

に手当てされて気がついた福島《ふくしま》は、治五郎《じごろう》に頭を下げた。

「あんたはえらい。よく短い間に、おれをたおす技《わざ》を見つけたなあ」

いまでいう「肩車《かたぐるま》」のような技《わざ》だ。治五郎《じごろう》はうれしかった。強い相手をたおしたということより、「長い間研究して、努力《どりょく》して勝つことができた」それがうれしかった。

1879（明治《めいじ》12）年8月、福田八之助《ふくだはちのすけ》が52歳《さい》で亡《な》くなった。治五郎《じごろう》は、まだ18歳《さい》。

「もっと修業《しゅぎょう》をしたい」

そう考えた治五郎《じごろう》は、同じ天神真楊流《てんじんしんようりゅう》で福田《ふくだ》の先生にあたる磯正智《いそまさとも》のもとで、ふたたび稽古《けいこ》を始めた。ここでは、治五郎《じごろう》は先生にかわって教える立場になった。

毎晩《まいばん》、30人ほどの門下生に稽古《けいこ》をつけ、自宅《じたく》にもどるのは午後11時をまわることも少なくなかった。

1881年に磯正智《いそまさとも》が亡《な》くなると、幕府講武所《ばくふこうぶしょ》の教授《きょうじゅ》だった飯久保恒年《いいくぼつねとし》に教えてもらうことになった。飯久保《いいくぼ》は、これまで学んできた天神真楊流《てんじんしんようりゅう》とはことなる起倒流柔術《きとうりゅうじゅうじゅつ》の達人《たつじん》だ。

ある日、治五郎《じごろう》は飯久保《いいくぼ》と乱取《らんど》り稽古《げいこ》をするうち、おもしろいことに気がついた。

「相手の体勢《たいせい》をくずしてから技《わざ》をかけたらいいのではないか……」

これまで考えてきたことを実際《じっさい》の稽古《けいこ》でためしてみた。すると、いつもはかんたんに飯久保《いいくぼ》に投げられるのに、この日は一本もとられず、自分がかけた技《わざ》がおもしろいようにかかった。

「なぜ、こうなったのか」

首をひねる飯久保《いいくぼ》に、治五郎《じごろう》は自分の工夫《くふう》を話した。

「そうか、そこまでわかったなら、もう教えることはない」

二つの柔術《じゅうじゅつ》の流派《りゅうは》を学んだ治五郎《じごろう》は、「両方の長所を取り入れれば、もっと時代にあった教えとして改良《かいりょう》できる」と考えるようになった。

このころ日本では義務《ぎむ》教育が始まり、6歳《さい》になったら小学校で学ぶことになっていた。そして、「豊《ゆた》かな国になるためには教育が必要《ひつよう》だ」という考えが広まっていた。治五郎《じごろう》は自分の経《けい》験《けん》から、柔術《じゅうじゅつ》を学ぶことで体を強くし、勝負に集中することで精神《せいしん》もきたえられ、技《わざ》を工夫《くふう》することで考える力も身につくと信《しん》じていた。「柔術《じゅうじゅつ》を改良《かいりょう》し、工夫《くふう》することで教育にいかせるのではないか」と考えたのだ。

そして1882（明治《めいじ》15）年、柔術《じゅうじゅつ》の教えを統一《とういつ》し、体をきたえるとともに礼儀《れいぎ》作法《さほう》も取り入れて、心を豊《ゆた》かにする「新しい教え」をつくりあげた。

その新しい教えは、「柔道《じゅうどう》」と名づけられた。自分が学んだ柔術《じゅうじゅつ》から「柔」の字を残《のこ》し、「ものの根本にある道」という意味で「道」を選《えら》んだ。子どものころから親しんできた中国の古典《こてん》や歴史《れきし》の書物から考えた名前だった。

治五郎《じごろう》は、柔術《じゅうじゅつ》を学んでいくうちに行き着いた考えを、「相手の体勢《たいせい》をくずせば、小さい者でも大きい者をたおすことができる（小よく大を制《せい》し）」「柔軟《じゅうなん》にかまえて、相手のすきをつけば強い者をたおすことができる（柔《じゅう》よく剛《ごう》を倒《たお》す）」という教えにまとめた。また、修業《しゅぎょう》していたころ、稽古着《けいこぎ》が短くて体にすり傷《きず》をつくってばかりいた反省《はんせい》から、稽古着《けいこぎ》を改良《かいりょう》してけがを防《ふせ》ぐよう工夫《くふう》した。

そうして誕生《たんじょう》した「柔道《じゅうどう》」を教える場所として、下谷北稲荷町《したやきたいなりちょう》（いまの東京都台東区《たいとう》）にある永昌寺《えいしょうじ》に部屋を借《か》りて道場を開いた。そこはただ武術《ぶじゅつ》だけを教えるところではないという意味で「講道館《こうどうかん》（＝道を教える場所）」と名づけられた。このとき、治五郎《じごろう》は21歳《さい》だった。

3　柔《じゅう》道《どう》を教育にいかしていく

講道館《こうどうかん》を開いた同じ年、治五郎《じごろう》は東京大学哲学選科《てつがくせんか》で美学を学びながら、学習院《がくしゅういん》研修科《けんしゅうか》の講師《こうし》として政治経済学《せいじけいざいがく》を教え始めた。

「学習院《がくしゅういん》を辞《や》めて、もう一度勉強をやり直したほうがいいのではないか」

学生の多くは講師《こうし》の自分より年上だ。どう教えたらよいかわからなくなって、子どものころから尊敬《そんけい》している人物をたずねた。

「先生、学習院《がくしゅういん》の講師《こうし》をつづけるべきか、悩《なや》んでいます。しばらくの間、学問の道に集中しようかと思っています」

治五郎《じごろう》は緊張《きんちょう》した表情《ひょうじょう》のまま、頭を下げた。体は小さいが、大きな目がするどく光る人物が向かいにすわっている。勝海舟《かつかいしゅう》だ。

勝《かつ》は、徳川幕府《とくがわばくふ》をたおすために薩摩藩《さつまはん》（いまの鹿児島《かごしま》県）と長州藩《ちょうしゅうはん》（いまの山口《やまぐち》県）がおこした戊辰戦争《ぼしんせんそう》で、江戸《えど》の街《まち》が戦場《せんじょう》になるのを、くい止めた人物だ。このとき59歳《さい》。政府《せいふ》の役《やく》職《しょく》などすべて辞《や》めて、教えをもとめてたずねてくる人たちと話すことを楽しみにしていた。

治五郎《じごろう》がはじめて勝《かつ》に会ったのは、13歳《さい》のときだった。父につれられて勝《かつ》の屋敷《やしき》をたずねたのが始めだ。

「おまえさんが三男坊《さんなんぼう》の治五郎殿《じごろうどの》か」

そう話しかけられ、「学問はやっているか」と聞かれた。

「これからは若《わか》い者の時代だ。しっかり勉強して、新しくひらけていく日本を背負《せお》っていく人物になりなさい」

勝《かつ》から言われ、ほほを赤く染《そ》めた治五郎《じごろう》少年は思いきって質問《しつもん》した。

「日本を背負《せお》っていく人物になるには、どうしたらよいのですか」

「これからの日本は世界を相手にしていかなければならない。そのためには、やはり外国のことを知っている必要《ひつよう》がある。西洋の学問を、広い視野《しや》をもってやるといいよ」

あのときの勝《かつ》の言葉に深く感動した治五郎《じごろう》は、その言葉を守って今日までがんばってきた。

しかし、いま、人に教える立場になって、どう教えたらいいのか迷《まよ》っていた。

「おまえさん、学者になろうと思っているのか、それとも、社会で事を成《な》そうと思っているのか。どっちだい」

江戸《えど》っ子《こ》らしい口調《くちょう》ながら、するどい目にじっと見つめられて、正座《せいざ》した治五郎《じごろう》はいっそう体をかたくした。

「それは社会で事を成《な》すこと、教育の現場《げんば》での指導《しどう》です。しかし、実際《じっさい》に授業《じゅぎょう》をしていると、自分のたりないところばかりに気がつきました。しばらくは学問の研究に集中しようと思っています」

「物事をかたく考えちゃあいけないよ。学問の研究に集中するだけでは学者になってしまう。人に教えるということは、本を読んで学びとれるものじゃない。教えることは学ぶことよりもっとむずかしい。教職《きょうしょく》に専念《せんねん》しながら、学んでいけばいいんじゃないか」

治五郎《じごろう》はハッとした。学問のための学問ではいけない、何か事を成《な》すために学ぶ。それが大切だと。「講道館《こうどうかん》で柔道《じゅうどう》を教える場合も同じだな」

自分の進むべき道がわかった治五郎《じごろう》は、「講道館《こうどうかん》」と命名した永昌寺《えいしょうじ》にある道場で、山田常《やまだつね》次郎《じろう》とともに柔道《じゅうどう》にはげむことにした。

「常次郎《つねじろう》、来い」

常次郎《つねじろう》を相手に治五郎《じごろう》の稽古《けいこ》がつづく。来る日も来る日も、稽古《けいこ》は休まない。

「もう、へばったか」

「まだまだ」

ふたりの稽古《けいこ》は名物となり、見物人もあらわれた。

「どうだ、おれたちといっしょに柔道《じゅうどう》をやらないか」

常次郎《つねじろう》は、見物の子どもたちをさそった。ふたりで稽古《けいこ》をしながら入門希望者《きぼうしゃ》を待った。

やがて、入門者に応《おう》じて柔道《じゅうどう》を教えるようになった。12畳《じょう》のせまい道場で若《わか》い門弟《もんてい》たちは毎日、稽古《けいこ》にはげんだ。

しかし講道館《こうどうかん》は、道場とはいっても、お寺の一室だ。補強《ほきょう》などできているはずもなく、若者《わかもの》が毎日、はげしく動きまわるため、床《ゆか》がぬけることもあった。すると、常次郎《つねじろう》が縁《えん》の下《した》にもぐってくもの巣《す》をはらいながら、治五郎《じごろう》がともした、ろうそくのあわい光のもとで床《ゆか》を直すこともたびたびだった。

お寺だから、壁《かべ》いっぱいに位牌《いはい》が安置《あんち》されている。稽古《けいこ》のたびに、どすんどすんという振動《しんどう》で位牌《いはい》が動いてしまう。

「だいじょうぶかな」住職《じゅうしょく》がたびたび、心配して顔をのぞかせた。

常次郎《つねじろう》たちはそのたびにあやまるのだが、すぐに忘《わす》れて、稽古《けいこ》に熱中《ねっちゅう》した。位牌《いはい》が動き、床《ゆか》がぬけ、ついには屋根の瓦《かわら》がずれてしまった。さすがにがまんしきれなくなった住職《じゅうしょく》が道場に来た。

「嘉納《かのう》さん、私《わたし》はあなたを信用《しんよう》して寺の一部をお貸《か》ししました。しかし、寺をこわしていいとは言っておりません」

「申《もう》し訳《わけ》ありません」

治五郎《じごろう》はただ、頭を下げるばかりだ。しかし、稽古《けいこ》をやめたわけではなかった。形《かた》は道場で、乱取《らんど》りは屋外でおこなった。屋外といえば聞こえはいいが、ふつうの地べただ。

「先生、これでは稽古《けいこ》になりません。新しい道場をつくってください」

常次郎《つねじろう》たちからお願《ねが》いされると、さすがに治五郎《じごろう》もなんとかしなければならなかった。

どうにか費用《ひよう》をつくり、12畳《じょう》の道場を新築《しんちく》した。これで寺の建物《たてもの》の中での稽古《けいこ》はやめることができた。ところが、講道館《こうどうかん》の柔道《じゅうどう》はわかりやすいし、礼儀作法《れいぎさほう》も教えてくれると評判《ひょうばん》になるにつれ、入門希望者《きぼうしゃ》が増《ふ》えた。

やがて、永昌寺《えいしょうじ》ではせまくなって、次々と道場の場所をもとめては移転《いてん》をくり返していった。

嘉納《かのう》の教えはわかりやすかった。かつて福田《ふくだ》道場で柔術《じゅうじゅつ》を学んだときのように、「投げられて学ぶ」というやり方ではない。どうしたら小さい体の者が大きい者を投げられるのか、きちんと理由を説明《せつめい》して、相手が理解《りかい》するまで教えた。

そして、飯久保《いいくぼ》道場で乱取《らんど》りをしていたときに気づいた、相手の姿勢《しせい》をくずしてから技《わざ》をかけると、技《わざ》がかかりやすいことも教えた。

自分が学んだような、形《かた》と乱取《らんど》りを分ける教え方もやめた。「形《かた》と乱取《らんど》りを分けてしまえば、多くの者は乱取《らんど》りがおもしろくて、形《かた》の稽古《けいこ》を忘《わす》れがちになる」という自分の経験《けいけん》から、乱取《らんど》りの合間に形《かた》を教えることにしたのだ。

「西郷《さいごう》くん」

時間ができると、常次郎《つねじろう》のほかに住みこみの書生になった西郷四郎《さいごうしろう》たちをよび寄《よ》せては形《かた》を研究した。

はじめのころは、自分が学んだ天神真楊流《てんじんしんようりゅう》や起倒流柔術《きとうりゅうじゅうじゅつ》の形《かた》をそのまま教えていたが、やがて独自《どくじ》の形《かた》を考え出した。

投《な》げ技《わざ》を中心とした安全な乱取《らんど》りと、当て身や関節技《かんせつわざ》をふくむ練習方法《ほうほう》を考えて、講道館《こうどうかん》柔道《じゅうどう》はますます発展《はってん》していくのだった。


そんなある日、弟子《でし》の西郷《さいごう》がかけこんできた。

「先生、大変《たいへん》です」

「何があったんだ、西郷《さいごう》くん」

「戸塚《とつか》一門が次の大会で決着をつけようと言ってきています。果《は》たし状《じょう》ですよ」

「わかった。次の警視庁武術《けいしちょうぶじゅつ》大会では戸塚《とつか》一門と同じ数だけの選手《せんしゅ》を出場させよう。試合《しあい》をすれば、わかることもあるはずだ」

治五郎《じごろう》は、興奮《こうふん》する西郷《さいごう》を落ち着かせるように話した。

講道館柔道《こうどうかんじゅうどう》は、１８８５（明治《めいじ》18）年から始まった警視庁武術《けいしちょうぶじゅつ》大会がきっかけとなって実力が広く知られるようになり、入門者も増《ふ》えていた。この大会の成績優秀者《せいせきゆうしゅうしゃ》は警視庁《けいしちょう》に採用《さいよう》されるからだ。とくに、柔術界《じゅうじゅつかい》をリードし、警視庁《けいしちょう》で柔術《じゅうじゅつ》を教えていた戸塚流《とつかりゅう》を打ち負かしたあとは、「挑戦《ちょうせん》したい」と申し出てくる柔術《じゅうじゅつ》の流派《りゅうは》も少なくなかった。１８８８年の大会には、その戸塚《とつか》一門が面子《めんつ》をかけて挑《いど》んできたのである。

戸塚《とつか》門下から15人、講道館《こうどうかん》からも15人。同じ数の選手《せんしゅ》が出場した。講道館《こうどうかん》の5人の選手《せんしゅ》はほかの流派《りゅうは》の選手《せんしゅ》との試合《しあい》だったが、10人の選手《せんしゅ》は戸塚《とつか》一門と直接対決《ちょくせつたいけつ》することになった。

前評判《まえひょうばん》では実力は互角《ごかく》、どっちが勝つかわからないとみられていた。しかし、試合《しあい》が始まると、2、3試合《しあい》は引き分けたが、残《のこ》りはすべて講道館《こうどうかん》が勝ってしまった。

「先生、これで、われわれの力がわかったと思います」

力をこめて話す西郷《さいごう》に、治五郎《じごろう》はうなずきながら、さとした。

「われわれは信《しん》じた道を進んでいけばいいのだよ」
講道館《こうどうかん》が警視庁《けいしちょう》の大会で実力を天下にしめし、柔道《じゅうどう》はますます広まっていった。

１８８９年、治五郎《じごろう》は大日本教育会に招《まね》かれて、講演《こうえん》をおこなった。そして、当時の文部大《だい》臣《じん》、榎本武揚《えのもとたけあき》の前で「柔道《じゅうどう》は体育、勝負、修身《しゅうしん》としての価値《かち》がある」と話をして、全国の中学校で授業《じゅぎょう》として実施《じっし》してほしいとうったえた。

中学校での採用《さいよう》はなかなか進まなかった。それでも、学習院《がくしゅういん》や、治五郎《じごろう》が校長をつとめた熊《くま》本《もと》の第五高等中学校（いまの熊本《くまもと》大学）で柔道《じゅうどう》が授業《じゅぎょう》に取り入れられた。また、福沢諭吉《ふくざわゆきち》がつくった慶應義塾《けいおうぎじゅく》や、東京大学でも課外授業《かがいじゅぎょう》として柔道《じゅうどう》がおこなわれるようになった。海軍士官《かいぐんしかん》を育てる海軍兵学校《かいぐんへいがっこう》にも講道館《こうどうかん》から講師《こうし》が送られた。そして、１８９３年、治五郎《じごろう》は、校長となった東京高等師範《しはん》学校（いまの筑波《つくば》大学）でも柔道《じゅうどう》を教え、附属《ふぞく》中学（いまの筑波《つくば》大学附属《ふぞく》高校）に柔道部《じゅうどうぶ》をつくった。

治五郎《じごろう》は「嘉納塾《かのうじゅく》」という寄宿制《きしゅくせい》の塾《じゅく》もつくった。この塾《じゅく》は「柔道《じゅうどう》」が生活の中心になっていた。

講道館柔道《こうどうかんじゅうどう》が広く知られるようになり、親戚《しんせき》や知人の子どもたちを「預《あず》かって、教育してほしい」と頼《たの》まれたことがきっかけだった。講道館《こうどうかん》の横に寄宿舎《きしゅくしゃ》をつくり、書生たちが、子どもたちといっしょに生活して勉強や柔道《じゅうどう》を教えるのだ。もちろん治五郎《じごろう》も寄宿舎《きしゅくしゃ》に泊《と》まりこんだ。

午前4時40分起床《きしょう》。起きるとすぐに自分が寝起《ねお》きする部屋のそうじをする。そうじが終わると6時まで勉強、6時に朝《あさ》ご飯《はん》を食べて、終わると1時間休憩《きゅうけい》したあと、それぞれが通う小中学校に向かう。

学校からもどると午後4時まで勉強。4時に夕食を食べ、休憩《きゅうけい》のあと、5時から6時半まで道場で柔道《じゅうどう》の稽古《けいこ》だ。消灯《しょうとう》は午後9時。年少の者はもう少し早く、8時には床《とこ》についた。

「自分だけの利益《りえき》を考えないで、人に成功《せいこう》をゆずるようにしよう。きみたちが社会に役に立つ人になるための心構《こころがま》えだ」

幼《おさな》いころ、母の定子《さだこ》から聞かされていた教えだ。そして、勝海舟《かつかいしゅう》から学んだ生き方でもある。どんなに寒くても暖房《だんぼう》はなく、食事の準備《じゅんび》はもちろん、風呂焚《ふろた》きなどもすべて自分たちでおこなう。とてもきびしい生活だったが、明治《めいじ》という時代はこうした規則正《きそくただ》しい生活が子どもの教育にはよいとされた。

治五郎《じごろう》の教えはのちに、「精力善用《せいりょくぜんよう》」、「自他共栄《じたきょうえい》」という考え方にまとめられた。「精力善用《せいりょくぜんよう》」とは、自分がもっている心と体の力をもっとも有効《ゆうこう》につかうこと。そして、自

▲講道館《こうどうかん》で柔道《じゅうどう》を学ぶ人たち。中央奥《おく》に指導《しどう》をする嘉納《かのう》のすがたが見える（写真は1914年ごろ）

分だけではなく、他人といっしょに栄《さか》える世の中にしていくこと。それを「自他共栄《じたきょうえい》」という。柔道《じゅうどう》のもっとも大切な精神《せいしん》となっている。

治五郎《じごろう》はこの二つの言葉を、「社会生活の根本原則《こんぽんげんそく》」とした。クーベルタンのオリンピックの根本精神《こんぽんせいしん》、「オリンピズム」と同じ考えだ。

嘉納塾《かのうじゅく》は1882年から1920年までつづけられ、のべ350人がここにくらし、勉強した。

このころは、海外に行くことが大変《たいへん》で、めずらしい時代だった。しかし、治五郎《じごろう》はいそがしいなか、1889（明治《めいじ》22）年8月から1年半ほどヨーロッパを視察《しさつ》した。28歳《さい》から30歳《さい》にかけてだ。

船で上海《シャンハイ》からマルセイユへ。それからパリに入った。パリからベルギーのブリュッセルを経《へ》てドイツのベルリンへ。その後、ケルン、ベルン、ウィーン、ストックホルム、コペンハーゲン、ロンドンとまわり、カイロでロバに乗り、ピラミッドにも登った。

この間に見たもの、感じたことなど、治五郎《じごろう》は日記に英文《えいぶん》で書きつづけた。

「どの国も、表面はすこぶる美しく着飾《きかざ》ったように見えるが、日常《にちじょう》はとても質素《しっそ》だ。倹約《けんやく》して、食物も無駄《むだ》にしない」

「日本にいるころは文法《ぶんぽう》を守り、言葉を慎重《しんちょう》に選《えら》び、発音も正しくしようとしたから外国語での会話はひどくつかれた。それで引《ひ》っこみ思案《じあん》になって、あまり多く話さないようになっていた。しかし、外国人は平気で誤《あやま》ったことを言い、書く。まちがっていても、どんどん使っていけば、まちがえないようになる。日本人は世界のいずれの国の人とでも、引《ひ》っこみ思案《じあん》にならないで話していけば、きっと親しくなることができる」

英語《えいご》は得意《とくい》だが、フランスではフランス語を、ドイツではドイツ語も学んだ。「何でも見てやろう。経験《けいけん》してやろう」という治《じ》五郎《ごろう》らしい旅だ。

日本にもどる船の中で、ちょっとした話から、治五郎《じごろう》は力自慢《ちからじまん》のロシア人海軍士官《かいぐんしかん》と柔道《じゅうどう》の勝負をすることになった。ピラミッドをいっしょに旅したオランダ人、スペイン人のふたりに、ロシア人士官《しかん》が力比《ちからくら》べをして勝ったのを見ていて、治五郎《じごろう》がぽろっとつぶやいたからだ。

「あの勝ちほこっているきみの友人も、私《わたし》がおさえつければ起き上がれないよ」

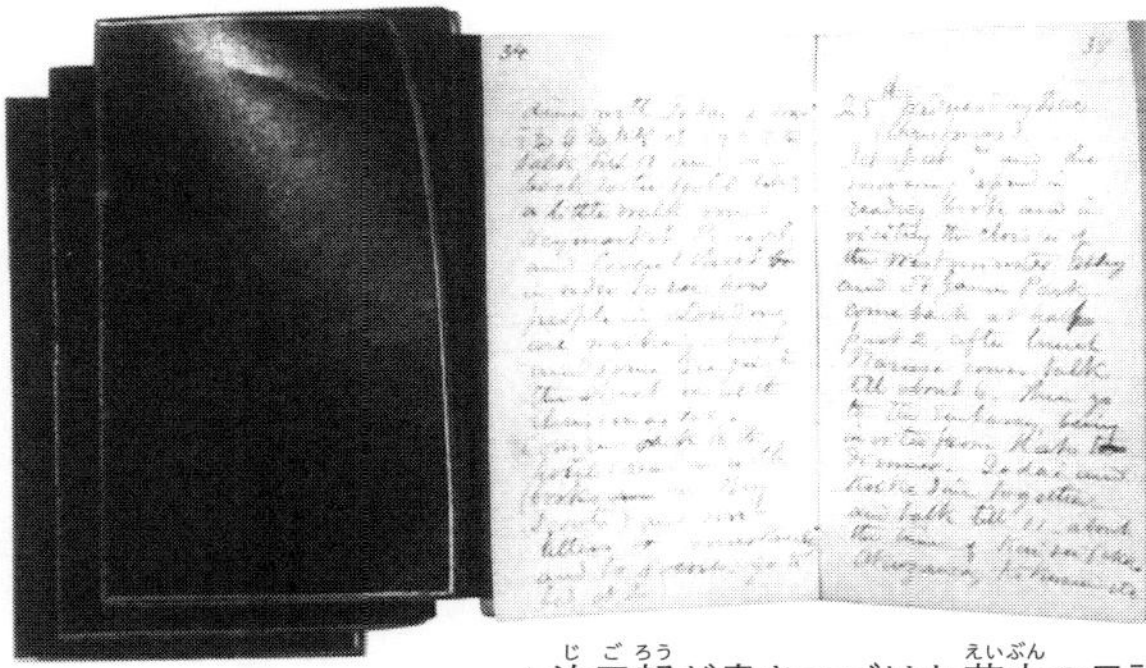

▲治五郎《じごろう》が書きつづけた英文《えいぶん》の日記

それを聞いた士官《しかん》が「じゃあ、やってみろ」と言う。

「仕方がないな」立ち上がった治五郎《じごろう》が士官《しかん》をおさえると、見事に起き上がれない。「よし、じゃあ今度はおれがおさえてやる」勢《いきお》いこんだ士官《しかん》にじゅうぶんおさえつけさせたところで、治五郎《じごろう》はかんたんにひっくり返してみせた。

「なんだ、どうしたんだ」おどろく士官《しかん》に、オランダ人とスペイン人が話した。

「日本の柔道《じゅうどう》だよ」

すると、ロシア人士官《しかん》は「おれを投げてみろ」と立ちふさがった。士官《しかん》は治五郎《じごろう》の背中《せなか》を両手でかかえこみ、左右にねじろうとした。体の小さい治五郎《じごろう》はタイミングをはかり、腰《こし》投《な》げと背負《せお》い投《な》げの中間のような技《わざ》で大男を投《な》げ飛《と》ばした。

そして、頭から落ちるところを手を持ってささえ、けがをしないよう気をつかったのだ。見物人から大きな拍手《はくしゅ》がおこった。

「この士官《しかん》とはその勝負がきっかけで仲良《なかよ》くなって、彼《かれ》が上海《シャンハイ》で船をおりるまで親しく話をしてきたよ」

治五郎《じごろう》は帰国後、親しい人たちにそう話した。ヨーロッパ視察《しさつ》は彼《かれ》の国際性《こくさいせい》に磨《みが》きをかけた。

1月、日本にもどった治五郎《じごろう》を、結婚《けっこん》の話が待っていた。

「あなたもいい年なのだから、そろそろ奥《おく》さんをもらいなさい」

そう言ってきたのは姉の南郷柳子《なんごうりゅうこ》だ。治五郎《じごろう》は30歳《さい》、たしかにもう家庭をもっていてもおかしくはない。

「いい人がいればお願《ねが》いします」

「わかりました。私《わたし》にまかせてくれますね」

それからしばらくして、姉は、熊本《くまもと》県天草《あまくさ》出身の外交官《がいこうかん》で、東京帝国《ていこく》大学教授《きょうじゅ》の竹添進一郎《たけぞえしんいちろう》の二女、須磨子《すまこ》を紹介《しょうかい》した。須磨子《すまこ》はまだ華族《かぞく》女学校に通う女学生だった。

「私《わたし》には異議《いぎ》はありません。先方がよろしければ話を進めてください」

すぐに婚約《こんやく》がととのい、この年8月、結婚式《けっこんしき》をあげた。

ふたりの間には竹添家《たけぞえけ》を継《つ》ぐ長男の履信《りしん》、のちの講道館《こうどうかん》館長、国際柔道連盟《こくさいじゅうどうれんめい》会長となる次男の履正《りせい》、そして三男履方《りほう》、ほかに5人の女の子が誕生《たんじょう》した。

▲結婚《けっこん》当時の嘉納夫妻《かのうふさい》

4　アジアではじめてＩＯＣ《アイオーシー》委員が誕生《たんじょう》した

１９０９（明治《めいじ》42）年１月16日。東京高等師範《しはん》学校校長の嘉納治五郎《かのうじごろう》は駐日《ちゅうにち》フランス大使のオーギュスト・ジェラールと向き合っていた。

ジェラールはフランス人貴族《きぞく》、ピエール・ド・クーベルタンが始めたオリンピック運動への日本の参加《さんか》をもとめ、嘉納《かのう》にその中心である国際《こくさい》オリンピック委員会（ＩＯＣ《アイオーシー》）委員になってくれるよう話していた。

「なぜ私《わたし》が、ＩＯＣ《アイオーシー》委員の候補《こうほ》になったのですか？」

嘉納《かのう》はジェラールに聞いた。

ジェラールは前の年の暮《く》れにクーベルタンからとどいた手紙のことから説明《せつめい》を始めた。

手紙は10月24日の日付《ひづけ》で送られてきていた。ちょうど、イギリスのロンドンで開かれていた第４回オリンピック競技《きょうぎ》大会が閉幕《へいまく》しようとするころだ。

クーベルタンは、ロンドンオリンピックが成功《せいこう》したことで、オリンピックがそのあとも永《なが》くつづいていくと自信《じしん》をもった。また、事業をさらに大きくするためには、ＩＯＣ《アイオーシー》の組織《そしき》を強くして、世界に輪《わ》を広げていかなければならないと強く思い始めてもいた。輪《わ》を広げるためにはアジア、なかでも「日本に参加《さんか》してほしい」とクーベルタンは考えた。というのも、日本は１９０５年に終わった日露戦争《にちろせんそう》で、大国であるロシアを破《やぶ》り、ヨーロッパではその国力が注目されていたからだ。

ジェラールは手紙を受け取ると、すぐに行動をおこした。日本の外務省《がいむしょう》や文部省《もんぶしょう》などをまわって、だれかふさわしい人物はいないか、相談をもちかけた。相談したひとりに、のちにフランス大使もつとめる本野一郎《もとのいちろう》がいた。ジェラールが親しく交流し、もっとも信頼《しんらい》する日本人だ。

その本野《もとの》が、真っ先に名前をあげて推薦《すいせん》したのが嘉納《かのう》だった。

「ふさわしい人物がいますよ。いまは東京高等師範《しはん》学校の校長をしている嘉納治五郎《かのうじごろう》です。これまで学習院《がくしゅういん》の教頭や第一高等中学校などの校長もつとめ、日本の教育界を引っぱっている人です」

東京高等師範《しはん》学校はいまの筑波《つくば》大学、第一高等中学校はいまの東京大学だ。いまも昔も日本の教育界の先頭に立つ学校の指導者《しどうしゃ》として、嘉納《かのう》は知られていた。

本野《もとの》は嘉納《かのう》について、説明《せつめい》をつづける。

「東京高師《こうし》ではスポーツをすることをすすめ、全校運動会を開いたり、全校参加《さんか》の長距離走《ちょうきょりそう》や水泳実習をおこなったりして、日本のスポーツ教育の先頭に立っています」

日本では、徳川幕府《とくがわばくふ》が支配《しはい》した江戸《えど》時代から明治《めいじ》時代となって、ヨーロッパやアメリカにならっていろいろな制度《せいど》がつくられてきた。国を守るための軍隊《ぐんたい》がつくられたり、人材《じんざい》を育てるための教育制度《きょういくせいど》も設《もう》けられたりした。6歳《さい》になれば、だれもが学校で学ぶことができる義務《ぎむ》教育の制度《せいど》もととのえられた。

知識《ちしき》を学ぶ「知育」、道徳心《どうとくしん》を学ぶ「徳育《とくいく》」とともに、健康《けんこう》な体をつくるための「体育」が国の教育の大きな方針《ほうしん》となった。

嘉納《かのう》はそうした教育問題の先頭に立って仕事をしてきた教育者だ。なかでも、スポーツを日本中に広め、体づくりの基本《きほん》にしようと努力《どりょく》してきた人だ。

本野《もとの》はジェラールに、嘉納《かのう》のしてきた仕事をていねいに話した。

「清国《しんこく》（いまの中国）からの留学生《りゅうがくせい》を受け入れる施設《しせつ》をつくりました。日本の学生と同じように教育を受けさせ、彼《かれ》らにもスポーツをすることをすすめました。若《わか》いころから語学を学び、ヨーロッパを視察《しさつ》したこともあります。英語《えいご》は読み書きはもちろん、話すことも困《こま》りません。

いまの日本では、数少ない国際《こくさい》社会に通用する人です」

ジェラールは静《しず》かに本野《もとの》の話を聞いていた。話が進むほど、「嘉納《かのう》という人がＩＯＣ《アイオーシー》委員にふさわしい」と思うようになっていった。

本野《もとの》は話をつづけた。「日本の伝統武術《でんとうぶじゅつ》である柔術《じゅうじゅつ》を発展《はってん》させて、柔道《じゅうどう》というスポーツをつくりました。講道館《こうどうかん》という道場を開いて多くの門弟《もんてい》を育てています。ぜひ、嘉納《かのう》さんに直接《ちょくせつ》、会ってみてください」

ジェラールは、いますぐにでも嘉納《かのう》に会いたくなった。

嘉納《かのう》は熱心《ねっしん》にＩＯＣ《アイオーシー》委員就任《しゅうにん》をすすめるジェラールの顔をじっと見つめ、力強い言葉で答えた。

「わかりました。お引き受けいたします」

嘉納《かのう》はこのとき、48歳《さい》だった。

正式に、アジアからはじめてのＩＯＣ《アイオーシー》委員となるためには、5月に予定されているＩＯＣ総《アイオーシーそう》会《かい》で選《えら》ばれなければならない。その前に、日本政府《せいふ》に許可《きょか》をもらわなくてはいけない。

ジェラールとの会談を終えた嘉納《かのう》は、すぐに小村寿太郎《こむらじゅたろう》外務大臣《がいむだいじん》や菊池大麓《きくちだいろく》文部大臣《もんぶだいじん》をたず

ねた。ＩＯＣ《アイオーシー》委員になるようにたのまれたこと、自分はそれを受けようと思っていることを報《ほう》告《こく》した。

「オリンピックをきっかけに、日本にいろいろなスポーツを取り入れて、国民《こくみん》の体力を向上させ、青少年の心身の育成《いくせい》に役立てたいと思います」

「いいですねえ。わかりました。嘉納《かのう》さん、あなたなら、実現《じつげん》してくれるでしょう」

小村《こむら》は嘉納《かのう》の話に笑顔《えがお》で応《おう》じた。

そのころ、小村《こむら》は外務大臣《がいむだいじん》として、アメリカやヨーロッパの国々と結《むす》んだ不平等条約改正《ふびょうどうじょうやくかいせい》に頭を悩《なや》ませていた。日本人がスポーツ競技大会《きょうぎ》をとおして世界に出ていくようになれば、世界の人たちが日本を知るようになり、日本の地位《ちい》が高まっていく。江戸《えど》時代末期《まっき》に、アメリカなどと結《むす》んだ日本に不利《ふり》な条約《じょうやく》の改正《かいせい》に大きな役割《やくわり》をはたしてくれるだろう。小村《こむら》はそう考えた。文部大臣《もんぶだいじん》の菊池《きくち》も心から賛成《さんせい》してくれた。

ジェラールはクーベルタンに手紙を書いた。うれしい報告《ほうこく》だった。

「ＩＯＣ《アイオーシー》委員に、もっともふさわしい人物があらわれました」と。

ジェラールはクーベルタンに、本野《もとの》が話したこともふくめて嘉納《かのう》を紹介《しょうかい》した。

「嘉納治五郎《かのうじごろう》は柔道《じゅうどう》をつくっただけではなく、さまざまなスポーツを学校教育の中で進めていて、国際的《こくさいてき》な視野《しや》をもった人物です。教育者として、長く東京高等師範《しはん》学校の校長をつとめるなど、教育界に数多くの人材《じんざい》を送り出した人物でもあります」

クーベルタンも教育者だ。ジェラールは、「きっと、ふたりはいい関係《かんけい》をつくっていくだろう」と思うのだった。


「日本の嘉納治五郎《かのうじごろう》さんを、ＩＯＣ《アイオーシー》委員に推薦《すいせん》したい」

ジェラールから手紙を受け取ったクーベルタンは、5月末《まつ》にドイツのベルリンで開かれたＩ《アイ》ＯＣ総会《オーシーそうかい》の場で、そう提案《ていあん》した。

ＩＯＣ《アイオーシー》委員たちは満場一致《まんじょういっち》で、アジアからはじめてとなる新しいＩＯＣ《アイオーシー》委員を選出《せんしゅつ》し、拍手《はくしゅ》を送って喜《よろこ》びあった。

そしてクーベルタンは6月15日、はじめて嘉納《かのう》にあてて一通の手紙を書いた。

「アジアからはじめてのＩＯＣ《アイオーシー》委員への就任《しゅうにん》、おめでとうございます。これからいっしょに、オリンピック運動の普及《ふきゅう》に全力をつくしましょう」

手紙はお祝《いわ》いの言葉に始まり、こう書かれていた。

「来年は、ハンガリーのブダペストでＩＯＣ総会《アイオーシーそうかい》を開きます。嘉納《かのう》さん、ぜひ出席《しゅっせき》してください。あなたとお話しできるのが楽しみです。次のオリンピック競技大会《きょうぎたいかい》は1912年にスウェーデンのストックホルムで第5回大会として開催《かいさい》する予定です。ぜひ、嘉納《かのう》さんが日本選手団《せんしゅだん》をひきいて、参加《さんか》してください」

嘉納《かのう》はブダペストのIOC総会《アイオーシーそうかい》に行きたいと思った。早くクーベルタンに会いたいとも思った。そして、1912年のオリンピックには、ぜひとも参加《さんか》しなければと考えていた。

5 大日本体育協会《きょうかい》をつくった

嘉納《かのう》は一方、クーベルタンIOC《アイオーシー》会長へのお礼の手紙にあいまいな言葉しか書くことができなかった。ヨーロッパはあまりにも遠く、お金もかかりすぎるし時間もかかる。

しかし、ブダペスト総会《そうかい》を体調不良《たいちょうふりょう》で欠席《けっせき》したこともあって、「ストックホルムにはぜひ参《さん》加《か》したい、クーベルタンと会って話をしたい」という思いは日一日と強くなっていた。

「嘉納《かのう》さん、ぜひストックホルム大会に日本選手団《せんしゅだん》を参加《さんか》させてください」

開催国《かいさいこく》であるスウェーデンの駐日《ちゅうにち》大使からも、熱心《ねっしん》にさそわれた。

「オリンピックに参加《さんか》するためには、競技団体《きょうぎだんたい》をまとめる国内オリンピック委員会が必要《ひつよう》ですよ」とも教えてくれた。国内オリンピック委員会（NOC《エヌオーシー》）で参加《さんか》することがオリンピックのルールであり、例外《れいがい》は認《みと》められていない。

日本には明治初期《めいじしょき》に、ヨーロッパやアメリカから近代スポーツが伝《つた》わった。伝《つた》えたのは、日本政府《せいふ》に頼《たの》まれて来日した「お雇《やと》い外国人」といわれた人たちだった。彼《かれ》らは学校の教員などで、仕事が休みの日にはスポーツを楽しむという自分たちの生活を、そのまま日本にもちこんだ。そして、自分たちが教える学校の学生たちにルールを教え、いっしょにスポーツをしながら、その楽しさを教えていった。

スポーツが広まっていくと、学校や学生間での対抗戦《たいこうせん》がおこなわれるようになった。試合《しあい》は学校間での話し合いでおこなわれ、試合《しあい》を調整するような組織《そしき》、競技団体《きょうぎだんたい》はない。だから、いろいろな競技団体《きょうぎだんたい》をまとめる組織《そしき》など考えることもできない時代だった。

このような状況《じょうきょう》からのスタートだったが、オリンピック参加《さんか》への思いはますます強くなっていた。

「一日も早く、NOC《エヌオーシー》をつくらなければならないな、永井《ながい》くん」

嘉納《かのう》は、自分が校長をつとめる東京高等師範《しはん》学校で体育主任《しゅにん》をつとめる永井道明《ながいみちあき》にそう話した。永井《ながい》は答えた。

「そうですとも、やるしかありませんよ」

1911年春、嘉納《かのう》は少しあせっていた。ストックホルムのオリンピック競技《きょうぎ》大会は翌年《よくねん》にせまっていた。

協力《きょうりょく》をもとめにいった文部省《もんぶしょう》は、体をきたえるために体育を学ぶことはすすめていても、スポーツのことをじゅうぶん理解《りかい》してはいなかった。文部省《もんぶしょう》はまだ組織《そしき》もととのっていない。まして、大きな予算が必要《ひつよう》なオリンピックへの参加《さんか》には、賛成《さんせい》してくれなかった。

嘉納《かのう》は思いきって日本体育会（のちの日本体育大学）会長の加納久宜《かのうひさよし》に会いに行った。日本体育会は1891（明治《めいじ》24）年、体育の普及《ふきゅう》と中学校の体育の先生を養成《ようせい》するために設立《せつりつ》された組織《そしき》だ。

「日本体育会に、オリンピックに参加《さんか》するためのまとめの組織《そしき》になっていただきたいのです。ぜひともお願《ねが》いします」

嘉納《かのう》は何度も頭を下げてたのんだ。しかし、加納《かのう》の反応《はんのう》は冷《つめ》たかった。

「嘉納《かのう》さん、あなたのおっしゃることはわからないでもありません。しかし、日本体育会はりっぱな体操教師《たいそうきょうし》を育てることを使命にしています。オリンピック選手《せんしゅ》のようなエリート選手《せんしゅ》への協力《きょうりょく》は会の設立《せつりつ》の目的《もくてき》とはちがいます」

予想はしていた。それでも「会の目的《もくてき》とちがう」と言われて落ちこんだ。

「なぜ、オリンピックの理想が理解《りかい》できないのだろうか」

加納《かのう》の家からの帰り道、嘉納《かのう》には強い決意が生まれた。

「やっぱり、新しくつくるしかない。新しい組織《そしき》でしか、オリンピック参加《さんか》という目的《もくてき》は達成《たっせい》できないだろう」

体が小さくていじめの対象《たいしょう》となっていた少年時代、嘉納《かのう》は「強くなりたい」と思いつづけた。

その結果《けっか》、柔術《じゅうじゅつ》を学び、それが柔道《じゅうどう》として実を結《むす》び、柔道《じゅうどう》の創始者《そうししゃ》として知られるようになり、アジアで初《はつ》のＩＯＣ《アイオーシー》委員に選《えら》ばれた。そして、日本にオリンピック参加《さんか》の道が開かれた。

「この道を閉《と》ざすわけにはいかない」

嘉納《かのう》には、逆境《ぎゃっきょう》に立ち向かっていく強い信念《しんねん》があった。

「ここでやめるわけにはいかないんだ」

嘉納《かのう》は翌日《よくじつ》、東京高等師範《しはん》学校に出勤《しゅっきん》すると、すぐに永井《ながい》をよんだ。

「永井《ながい》くん、各《かく》大学をまわって新しい団体《だんたい》をつくるようよびかけることにした。きみにも苦労《くろう》をかけると思うがよろしく頼《たの》むよ」

当時、大学スポーツが日本のスポーツ界の中心だった。嘉納《かのう》自身もスポーツの普及《ふきゅう》に力をつくし、教育界では有名人だ。つまり自分の得意《とくい》な分野で行動していこうと決めたのだ。

「先生の人脈《じんみゃく》をいかすんですね」

すぐに永井《ながい》は嘉納《かのう》のねらいを理解《りかい》した。嘉納《かのう》もすぐさま行動をおこした。

まずは東京帝国《ていこく》大学をたずねて、総長《そうちょう》の浜尾新《はまおあらた》に思いをうちあけた。

「嘉納《かのう》さん、あらたまって何のご用ですか」

「浜尾《はまお》さんのお力をおかりしたいと思いまして……」

「力とは」

「フランスのクーベルタン男爵《だんしゃく》が始めたオリンピック運動をご存《ぞん》じでしょうか。世界の若者《わかもの》が1か所に集《つど》い、スポーツ競技《きょうぎ》大会で交流し、おたがいを理解《りかい》する運動です」

「くわしくはありませんが、書物で読んだことがあります」

「私《わたし》はオリンピックに、日本の若者《わかもの》を参加《さんか》させたいと思っています。日本の若者《わかもの》に世界を理《り》解《かい》させるいい機会《きかい》となります。スポーツを通じて欧米《おうべい》の国々の選手《せんしゅ》と交流すれば、相手を理解《りかい》できます。スポーツがもっているフェアプレーの精神《せいしん》を学び、相手を尊敬《そんけい》し、思いやる心を養《やしな》うことは、これからの日本の社会にとってとても大切なことだと思うのです」

嘉納《かのう》は一生懸命《いっしょうけんめい》、浜尾《はまお》にうったえた。

「たしかに明治《めいじ》になって世界と交流することで、法律《ほうりつ》や科学、建築《けんちく》などが日本に入ってきて、国づくりに大きな役割《やくわり》をはたしてきましたね」

「体育、スポーツの世界も同じです。しかし、オリンピックに参加《さんか》するためには、国内に統一《とういつ》した組織《そしき》をつくらなければなりません。ヨーロッパやアメリカなどではオリンピック委員会というものをつくって、オリンピック運動に参加《さんか》しています。浜尾《はまお》さん、新しい組織《そしき》をつくるために、ぜひとも、帝大《ていだい》の協力《きょうりょく》が必要《ひつよう》なんです」

「嘉納《かのう》さん、お気持ちはわかりました。できるかぎりのことをしましょう」

熱《ねつ》をおびた嘉納《かのう》の口調《くちょう》に強い決意を感じた浜尾《はまお》は、その場で協力《きょうりょく》を申し出た。

次に早稲田《わせだ》大学学長・高田早苗《たかたさなえ》、慶應義塾《けいおうぎじゅく》塾長《じゅくちょう》・鎌田栄吉《かまたえいきち》をたずねて、新しい体育組織《そしき》をつくる必要《ひつよう》をうったえた。ふたりとも嘉納《かのう》の熱心《ねっしん》な説明《せつめい》に協力《きょうりょく》を約束《やくそく》してくれた。

日本の教育界、スポーツ界をリードする3校の協力《きょうりょく》をとりつけると、すぐさま、最初《さいしょ》の話し合いをもった。

約束《やくそく》どおり、東京帝国《ていこく》大学からは書記官《しょきかん》の中村恭平《なかむらきょうへい》、早稲田《わせだ》大学からは体育学部長の安部磯雄《あべいそお》、そして嘉納《かのう》が校長をつとめる東京高等師範《しはん》学校からは体育部主任《しゅにん》の永井《ながい》と可児徳《かにいさお》と、それぞれの学校のスポーツの責任者《せきにんしゃ》が集まった。慶應義塾《けいおうぎじゅく》は第2回会合から、講道館《こうどうかん》で嘉納《かのう》に柔道《じゅうどう》を教わった飯塚国三郎《いいづかくにさぶろう》を送ってきた。

最初《さいしょ》の会合を前に、嘉納《かのう》は考えた。そして永井《ながい》をよぶと、こう言った。

「いきなり彼《かれ》らにオリンピック参加《さんか》のための組織《そしき》づくりの話をしても、すぐにはわかってくれないと思う。まず、彼《かれ》らの関心《かんしん》の高い日本の体育、スポーツの発展《はってん》について話し合おうと思う」

「いい考えですね。私《わたし》も日本国内のことから話されるのがよいと思っていました」

「では永井《ながい》くん、その方向で会議《かいぎ》を進めるよう準備《じゅんび》をたのみます」

参加《さんか》した人たちはそれぞれ、スポーツに縁《えん》はあっても、永井《ながい》を除《のぞ》けばオリンピックへの十分な知識《ちしき》をもってはいなかった。

たとえば安部《あべ》は、早稲田《わせだ》大学野球部長として野球部を引きつれて、日本ではじめてアメリカ遠征《えんせい》をおこなった。学生をつれて生活も文化もちがい、言葉もあまり通じないアメリカで、とまどいながら各地《かくち》の大学と試合《しあい》をおこなった。そんな安部《あべ》はオリンピックよりも、そのころはまだ、長い間試合《しあい》が中止されている野球の早慶戦復活《そうけいせんふっかつ》に頭を悩《なや》ませていたのだった。

議題《ぎだい》はふたつ設《もう》けられた。

嘉納《かのう》たちが提案《ていあん》した1番目の議題《ぎだい》は、「各種《かくしゅ》スポーツを普及発展《ふきゅうはってん》させる方法《ほうほう》」だ。参加《さんか》した学校以外《いがい》でも、どうしたらスポーツを普及《ふきゅう》させていくことができるのか。日本にとって、体育、スポーツの普及《ふきゅう》は大きな課題《かだい》だった。だから、この議題《ぎだい》にはみんな興味《きょうみ》をもった。嘉納《かのう》は上手《じょうず》に会議《かいぎ》を進めていき、東京にある学校を中心にスポーツの普及《ふきゅう》を進めて、その後、だんだん地方の学校にも普及《ふきゅう》させていくのがいいという結論《けつろん》を出した。

1912年のオリンピック参加《さんか》問題は2番目の議題《ぎだい》だ。

「次の議題《ぎだい》はオリンピックへの参加《さんか》についてです。永井《ながい》さん、みなさんにこれを配ってください」

配られた資料《しりょう》には、『国際《こくさい》オリンピック大会選手予選会趣意書《せんしゅよせんかいしゅいしょ》』と書かれてあった。

「私《わたし》たちは、フランスのクーベルタン男爵《だんしゃく》が創設《そうせつ》したオリンピック競技《きょうぎ》大会への選手派遣《せんしゅはけん》をめざします」

資料《しりょう》を手に、嘉納《かのう》はオリンピックに参加《さんか》する理由を説明《せつめい》した。

「古代ギリシャでおこなわれていたオリンピックの祭典《さいてん》は、ギリシャの人々の心のもち方の基本《きほん》となっていました。それと同じように、クーベルタン男爵《だんしゃく》が始めた近代オリンピックは、世界の人々が理解《りかい》しあい、世界に平和をもたらすことをめざしています」

IOC《アイオーシー》委員となった嘉納《かのう》自身が説明《せつめい》した。

「4年に一度、世界の国々から1か所に若者《わかもの》が集まり開かれるオリンピック競技《きょうぎ》大会では、勝ち負けをこえて、交流を深め、友情関係《ゆうじょうかんけい》をつくることを目的《もくてき》にしています」

古代ギリシャのことまでもち出して、「平和をつくる目的《もくてき》」がオリンピックにはあると説明《せつめい》した。勝つことだけにこだわるのではなく、おたがいの理解《りかい》を深めて、世界の平和に貢献《こうけん》しようというクーベルタンの思想を、教育者でもある参加者《さんかしゃ》たちにていねいに語りかけた。そのほうが理解《りかい》が深まると考えたからだ。

「嘉納《かのう》さん、わかったよ。平和に貢献《こうけん》するオリンピック運動に、日本から学生選手《せんしゅ》を送ることは意義《いぎ》があると思う」

安部《あべ》が答えた。ねらったとおりの反応《はんのう》だった。みんなが賛成《さんせい》して、ストックホルムで開かれるオリンピック競技《きょうぎ》大会に代表選手《せんしゅ》を派遣《はけん》することになった。

「それで、選手《せんしゅ》を参加《さんか》させるには、どうすればいいんですか」

中村《なかむら》が聞いた。嘉納《かのう》が答える。

「日本を代表する組織《そしき》をつくらなければならないんです。海外ではオリンピック委員会という名前で競技団体《きょうぎだんたい》をまとめる組織《そしき》があります。日本にはそうした組織《そしき》がないので、われわれ大学が中心になって新しい組織《そしき》をつくってはどうかと考えますが、どうでしょうか？」

「それはいいね」

「賛成《さんせい》、賛成《さんせい》」

意見が一致《いっち》して、大学を中心とする新しいスポーツ組織《そしき》をつくることも決まった。

その後、どのような組織《そしき》をつくるのかを話し合う会議《かいぎ》が何度も開かれた。

安部《あべ》や永井《ながい》たちのほかに、力強い味方が加《くわ》わった。大森兵蔵《おおもりひょうぞう》だ。

大森《おおもり》は、アメリカのマサチューセッツ州にある国際《こくさい》ＹＭＣＡ《ワイエムシーエー》トレーニングスクールでスポーツ学を学んできた。アメリカのスポーツ界はどんなようすなのか、どのような組織《そしき》をつくっているのか。オリンピックにはどのように関《かか》わっているのか。知っているかぎりの説明《せつめい》をした。

１９１１年７月、日本初《はつ》の体育団体《だんたい》として大日本体育協会《きょうかい》が誕生《たんじょう》した。会長に嘉納《かのう》が就任《しゅうにん》し、総務《そうむ》主事として大森《おおもり》、永井《ながい》、安部《あべ》の３人が加《くわ》わり、協会運営《きょうかいうんえい》にあたる。

嘉納《かのう》にとって、アメリカのスポーツ事情《じじょう》を知る大森《おおもり》は、相談相手以上《いじょう》の存在《そんざい》となった。また永井《ながい》は、１９０８年にロンドンで第４回オリンピック大会を視察《しさつ》していた。オリンピック競技《きょうぎ》大会は嘉納《かのう》自身、書物を通じての知識《ちしき》はあってもまだ見たことがない。そのオリンピック競技《きょうぎ》大会を実際《じっさい》に見ていたのは、永井《ながい》だけだ。

「とりあえず、組織《そしき》はできた。いよいよオリンピック参加《さんか》に向けて動き出すことができるな」

嘉納《かのう》は、信頼《しんらい》する永井《ながい》に向かってつぶやいた。永井《ながい》は流れる汗《あせ》をワイシャツの袖《そで》でふきながら答えた。

「そうですね。これからまだまだいそがしくなりますね」

6　好記録《こうきろく》が続出《ぞくしゅつ》したオリンピック予選会《よせんかい》

「予選会《よせんかい》をおこなう場所を準備《じゅんび》しなければならないな。その前にどの競技《きょうぎ》、種目《しゅもく》に選手《せんしゅ》を送るのか、決めなければ」

「候補《こうほ》としては陸上《りくじょう》と水泳が考えられますが、両方をおこなう時間もありませんし、多くの選《せん》手《しゅ》を派遣《はけん》するだけの予算もありません」

大森《おおもり》も永井《ながい》も、安部《あべ》も、いちばん参加者《さんかしゃ》の多い陸上競技《りくじょうきょうぎ》にしぼって、少数の選手《せんしゅ》を送るしかないと言った。

「そうだな。では大森《おおもり》くん、アメリカのスポーツ事情《じじょう》にくわしいきみが、予選会《よせんかい》をどのようにおこなうのか、中心になって進めてくれないか。永井《ながい》くんは各《かく》学校との連絡役《れんらくやく》になってくれ」

このころ、日本にはまだ本格的《ほんかくてき》な陸上競技場《りくじょうきょうぎじょう》はなかった。陸上競技《りくじょうきょうぎ》大会は学校の校庭に白線を引き、ロープで観客席《かんきゃくせき》と走路とを区切っただけでおこなわれた。

「いくらなんでも、それでは公式記録《きろく》も出せないな」

大森《おおもり》は陸上競技《りくじょうきょうぎ》ができる会場をさがさなければならなかった。

目をつけたのは、京浜電気株式会社《けいひんでんきかぶしきがいしゃ》（いまの京浜急行電鉄株式会社《けいひんきゅうこうでんてつかぶしきがいしゃ》）が東京府荏原郡羽田町《ふえばらぐんはねだまち》（いまの東京都大田区羽田《おおたくはねだ》）に所有している自転車練習場だ。

「海に近い平らな土地で、自転車を走らせられるくらいの広さがあるのなら、基準《きじゅん》にあったコースをつくることができるにちがいない」

大森《おおもり》はさっそく、京浜《けいひん》電気の本社をたずねた。

「羽田《はねだ》の自転車練習場を貸《か》してもらえませんか。オリンピックに出場する選手《せんしゅ》を選《えら》ぶための予《よ》選会《せんかい》を開きたいのです」

「えっ、オリンピックってなんですか」

担当者《たんとうしゃ》は目を丸くした。大森《おおもり》はクーベルタンの話から、4年に一度、世界の若者《わかもの》たちがスポーツで交流する大会について説明《せつめい》した。日本がいまアジアではじめて、オリンピックに出場しようとしているのだと話した。

相手がようやく理解《りかい》し始めると「練習場を陸上競技会場《りくじょうきょうぎ》として設計《せっけい》したい」と言った。

「陸上競技《りくじょうきょうぎ》のために改造《かいぞう》するのですか。かんたんではないですよ」

「わかっています。でも、公式記録《きろく》をはかるためにはきちんとしたコースが必要《ひつよう》なんです」

大森《おおもり》はアメリカで見知った知識《ちしき》をもとに、言葉を選《えら》んで話した。

「改造《かいぞう》した羽田《はねだ》の自転車練習場は、羽田《はねだ》運動場として、これから毎年、競技《きょうぎ》大会を開いていきます。羽田《はねだ》から若者《わかもの》が育っていくことになるんです」

大森《おおもり》の熱意《ねつい》を受けて京浜《けいひん》電気は、毎年競技《きょうぎ》大会を開くことを条件《じょうけん》に、協力《きょうりょく》を約束《やくそく》した。大森《おおもり》はアメリカで得《え》た知識《ちしき》をいかして競技場《きょうぎじょう》を設計《せっけい》した。

オリンピック競技場《きょうぎじょう》と同じく、長円形で1周《しゅう》400メートルのトラックがつくられた。日本初《はつ》の本格的《ほんかくてき》な陸上競技場《りくじょうきょうぎじょう》だ。走路の幅《はば》は30尺《しゃく》（約《やく》9メートル）、半円のカーブの部分は走者が走りやすいように外側《そとがわ》を高くし、2尺《しゃく》5寸《すん》（約《やく》76センチメートル）の高低差《こうていさ》がつけられた。そして走路は、粘土《ねんど》と砂《すな》をまぜ合わせて豆腐《とうふ》の材料《ざいりょう》のにがりをまいて固《かた》め、スパイクシューズで走りやすいかたさにした。ただ、スパイクはまだ高価《こうか》で、足袋《たび》や裸足《はだし》で走る選手《せんしゅ》も多いかもしれないと、足袋《たび》や裸足《はだし》でも走りやすいかたさにととのえられた。

「大森《おおもり》くん、よくやったね。いままで見たこともない競技場《きょうぎじょう》じゃないか」

大森《おおもり》の努力《どりょく》を知っている嘉納《かのう》は、そう声をかけた。

「ここまでにするのが大変《たいへん》でした。でも、日本ではじめてのことをしているのだと思うと楽しかったですよ」

「大森《おおもり》くんはほんとうにスポーツが好《す》きだなあ」

1911（明治《めいじ》44）年11月18日、磯《いそ》の香《かお》りのする海辺《うみべ》の羽田《はねだ》運動場に、朝から大勢《おおぜい》の若者《わかもの》が集まった。日本ではじめて開かれる「国際《こくさい》オリンピック競技《きょうぎ》大会予選会《よせんかい》」に出場する91名の選《せん》手《しゅ》と応援《おうえん》の人たちだ。

嘉納治五郎《かのうじごろう》は数日前に体調をくずし、「予選会《よせんかい》には行かないほうがいい」と医者から言われていた。しかし、7月に大日本体育協会《きょうかい》を創設《そうせつ》し、4か月足らずで開くはじめてのオリンピック予選会《よせんかい》だ。

「会長の自分が行かないでどうする。はってでも行くよ」

意地っぱりらしく病《やまい》をおして出席《しゅっせき》し、審判長《しんぱんちょう》をつとめた。

「よくここまで、こぎつけたなあ」

嘉納《かのう》は、大森兵蔵《おおもりひょうぞう》、永井道明《ながいみちあき》、安部磯雄《あべいそお》の、予選会運営《よせんかいうんえい》に当たる3人の総務《そうむ》主事に語りかけた。これはまた、自分に言い聞かせた言葉でもあった……。

100メートル予選《よせん》を皮切りに競技《きょうぎ》が始まった。石灰《せっかい》でラインを引いてコースとし、ゴール地点には杭《くい》を打ってテープが結《むす》ばれた。初日《しょにち》の18日は予選《よせん》、決勝は2日目の19日におこなわれる。

3位《い》までに入ると、金杯《きんぱい》や銀杯《ぎんぱい》などがおくられたが、羽田《はねだ》運動場までの交通費《こうつうひ》や滞在費《たいざいひ》は出場選手《せんしゅ》が自分で支払《しはら》った。ある程度《ていど》、裕福《ゆうふく》な若者《わかもの》たちだけが参加《さんか》できた。人力車の車夫《しゃふ》や郵便《ゆうびん》配達夫《はいたつふ》など身体活動でお金をかせぐ労働者《ろうどうしゃ》は、参加《さんか》することはできなかった。

決勝がおこなわれる19日は朝からくもり空、途中《とちゅう》から小雨《こさめ》がふり出し、風がふくというあいにくの天気だった。

そんななか、短距離《たんきょり》で大活躍《だいかつやく》したのが東京帝国《ていこく》大学法学部《ほうがくぶ》の学生、三島弥彦《みしまやひこ》だ。三島《みしま》は軽い気持ちで見に来ていて、飛《と》び入《い》り参加《さんか》のような形で出場した。

100メートルを12秒0で勝つと、400メートル、800メートルでも優勝《ゆうしょう》。200メートルこそ1位《い》になれなかったが、堂々《どうどう》の短距離《たんきょり》チャンピオンとなった。

観衆《かんしゅう》の注目を集めたのは午後0時半、花火の合図でスタートしたマラソンだ。トラックを3周《しゅう》したあと、競技場《きょうぎじょう》をあとにして、川崎《かわさき》、鶴見《つるみ》、生麦《なまむぎ》、新子安《しんこやす》を通って東神奈川《ひがしかながわ》で折《お》り返《かえ》すレースに19人の選手《せんしゅ》が出場した。競技《きょうぎ》役員と医師《いし》を乗せた自動車1台と、4台の自転車もいっしょに走った。

雨が降《ふ》りしきり、しだいに寒さがましていく。過酷《かこく》なレースになるなかで、真っ先に競技《きょうぎ》場《じょう》にもどってきたのが、東京高等師範《しはん》学校生、金栗四三《かなくりしそう》だった。

優勝候補《ゆうしょうこうほ》をおさえ、2時間32分45秒でゴールした。この記録《きろく》が表示《ひょうじ》されると、場内に大きな歓声《かんせい》があがった。

それというのも、当時の世界最高記録《さいこうきろく》は2時間59分45秒で、すごい世界最高記録《さいこうきろく》が誕生《たんじょう》したからだ。しかも、2位《い》に入った小樽水産《おたるすいさん》学校の佐々木政清《ささきまさきよ》が2時間36分1秒、3位慶應義塾《けいおうぎじゅく》の井出伊吉《いでいきち》も2時間48分でゴールしたのである。

「なんか、おかしいね。距離《きょり》の計測《けいそく》がまちがっているのじゃないのか」

嘉納《かのう》は審判長席《しんぱんちょうせき》で首をひねった。測量《そくりょう》を担当《たんとう》した役員をよび、疑問《ぎもん》をぶつけた。

「きみ、この距離《きょり》はまちがいないのか」

「まちがいありません。陸軍参謀本部《りくぐんさんぼう》の一万分の一地図をもとに、きちんと測量《そくりょう》しましたから」

測量担当者《そくりょうたんとうしゃ》が自信《じしん》たっぷりに言いきったので、嘉納《かのう》はしたがうことにした。

大騒《おおさわ》ぎのうちに、日本初《はつ》のオリンピック予選会《よせんかい》は終了《しゅうりょう》した。翌年《よくねん》2月15日、大日本体育協会《きょうかい》は、陸上短距離《りくじょうたんきょり》の三島《みしま》とマラソンの金栗《かなくり》を日本初《はつ》のオリンピック代表選手《せんしゅ》に選《えら》んだ。

7　何もかもがはじめてだった

三島弥彦《みしまやひこ》と金栗四三《かなくりしそう》のふたりがオリンピック代表に選《えら》ばれたあと、ちょっとしたさわぎがあった。

「たかが、かけっくらをやりに外国くんだりまで出かけるというのは、東京帝国《ていこく》大学の学生にとって、どれほどの価値《かち》があるのでしょうか」

三島《みしま》は代表に選《えら》ばれたあと、帝大総長《ていだいそうちょう》の浜尾新《はまおあらた》をたずねて、納得《なっとく》のいかない表情《ひょうじょう》でこう話した。

「なるほど、かけっくらだけではいかにももったいないが、おりよく夏休みでもある。よい機《き》会《かい》だから外国をまわって、見聞を広めてくるといい」

大日本体育協会《きょうかい》をつくるのに力を貸《か》した浜尾《はまお》は、三島《みしま》にそう話した。このころの日本は、オリンピックへの出場はまだ、「たかが、かけっくら（かけっこ）」という感覚《かんかく》だったのかもしれない。スポーツ万能《ばんのう》で、ほかの人よりもオリンピックについての知識《ちしき》をもっている三島《みしま》ですら、その程度《ていど》だった。

一方、金栗《かなくり》には、東京高等師範《しはん》学校校長として、嘉納治五郎《かのうじごろう》みずからが校長室で代表決定をつげた。

「金栗《かなくり》くん、大日本体育協会《きょうかい》はこの夏のストックホルム大会に日本代表を送ることを決めた。ついては、マラソンで優勝《ゆうしょう》したきみと短距離《たんきょり》の三島《みしま》くんに行ってもらおうと思っている。引き受けてくれるね」

すぐに「わかりました」という答えが返ってくるものだと思っていた。ところが、金栗《かなくり》は強くストックホルム行きを辞退《じたい》した。

「先生、私《わたし》は羽田《はねだ》のレースでは運よく勝つことができただけです。たとえ3、4か月のトレーニングを積《つ》んだとしても、準備《じゅんび》も練習も不十分《ふじゅうぶん》。まったく自信《じしん》はありません」

「金栗《かなくり》くん、まだ時間はある。考え直してくれたまえ」

「しかし、先生。行けば勝ちたいと思いますし、勝たなければまた、期待してくれる国民《こくみん》のみなさんに申《もう》し訳《わけ》ありません」

金栗《かなくり》は、強く辞退《じたい》した。その日はいったん、それで話はやめた。嘉納《かのう》は、日をあらためてまた金栗《かなくり》を校長室によび、ゆっくりと話し始めた。

「わが国は、明治《めいじ》時代になってヨーロッパやアメリカなどから進んだ文明を取り入れたり、社会のしくみを新しく変《か》えたりしてきた。それでも、まだまだ、ヨーロッパやアメリカに比《くら》べて遅《おく》れている。学問だけではなく、もっと新しい分野でも発展《はってん》していかなければならない。スポーツもそのひとつだ。学生が先頭に立って、世界のようすを知り、国民《こくみん》にスポーツを広めてほしい。金栗《かなくり》くん、きみの足で、マラソンの力で、日本のスポーツが発展《はってん》するきっかけをきずいてくれないか。勝ってこいと言っているのではない、ベストをつくしてくれればいいんだ」

そう話しながら、嘉納《かのう》は、金栗《かなくり》の顔を見ていた。

「50年前、日米修好通商条約《にちべいしゅうこうつうしょうじょうやく》のときの日本の使者はチョンマゲに羽織袴《はおりはかま》、刀を腰《こし》にさして太平洋《たいへいよう》をわたった。アメリカではきっと田舎者《いなかもの》の山猿《やまざる》ぐらいに思われていたことだろう。それが文明の差《さ》なのだ。いまは、きみも私《わたし》もチョンマゲではなく、洋服を着ている」

嘉納《かのう》の話を、金栗《かなくり》はだまって聞いている。ただ、表情《ひょうじょう》は前とちがっていた。

「何事もはじめてはつらいものだ。自信《じしん》もないだろう。しかし、苦労覚悟《くろうかくご》で出かけていくことにこそ、人間としての誇《ほこ》りがあるのではないだろうか」

嘉納《かのう》の話はだんだん熱《ねっ》をおびてきた。金栗《かなくり》は口をしっかり結《むす》んでいたが、前とはちがう目の輝《かがや》きをしていた。嘉納《かのう》はそれを見のがさなかった。

「スポーツも同じだよ。はじめのひとりとして、見知らぬ世界に出ていくのは苦しいことだ。

まして競走《きょうそう》に負けたら、と思う気持ちもわかる。しかし、だれかがその役目をはたさなければならないのだ。そうしないと、日本は永久《えいきゅう》にヨーロッパやアメリカと肩《かた》をならべることはできない」

嘉納《かのう》は、言葉によりいっそう力をこめた。

「このオリンピックをのがしたら、次の機会《きかい》は4年後にしかやってこない。金栗《かなくり》くん、日本のスポーツ界のため、『黎明《れいめい》の鐘《かね》』になってほしい」

黎明《れいめい》の鐘《かね》とは、夜明けをつげる鐘《かね》、つまり新しい時代を開く役割《やくわり》のことだ。嘉納《かのう》の迫力《はくりょく》に、金栗《かなくり》はようやく気持ちが晴れた。

「わかりました、先生。金栗《かなくり》は一生懸命《いっしょうけんめい》、ベストをつくします」

嘉納《かのう》はにっこり笑《わら》って、金栗《かなくり》の肩《かた》をたたいた。

しかし、問題はそれで終わったわけではなかった。ストックホルムに行く費用《ひよう》をどうしたらいいかという、別《べつ》の問題があった。

ほんとうなら、交通費《こうつうひ》や滞在費《たいざいひ》など、すべての費用《ひよう》は大日本体育協会《きょうかい》が支払《しはら》わなければならない。しかし、誕生《たんじょう》したばかりの組織《そしき》にはそんなお金の余裕《よゆう》はなく、およそ1800円（いまの数百万円くらい）にもなる費用《ひよう》は、自分で用意しなければならなかった。

三島《みしま》は、父の通庸《みちつね》が警視総監《けいしそうかん》などをつとめ、兄の弥太郎《やたろう》ものちに日本銀行総裁《そうさい》となる裕福《ゆうふく》な家の出身だ。費用《ひよう》を用意することには何の問題もなかった。しかし、金栗《かなくり》は熊本《くまもと》の農家に生まれ、授業料《じゅぎょうりょう》がかからない東京高師《こうし》で学んでいる。お金を集めることは一大事だった。それが、代表を辞退《じたい》した理由だったかもしれない。

「金栗《かなくり》くんのために、お金を集めよう」

東京高師《こうし》の学生や先生、職員《しょくいん》たちは寄付金《きふきん》集めに立ち上がった。全国の同窓生《どうそうせい》によびかけも始めた。もちろん、嘉納《かのう》も校長として、在校生《ざいこうせい》をりっぱに送り出してあげたいと運動を始めた。多くの人々の応援《おうえん》で、金栗《かなくり》は出発の日を迎《むか》えることができるようになった。

嘉納《かのう》もストックホルムに行かなければならない。しかし、自分のこと以上《いじょう》に、はじめて海外に旅立つ若者《わかもの》のことが気になった。「用意はできたか」といっては、服装《ふくそう》から食事のマナーなど、細かく教えるのだった。

1912（明治《めいじ》45）年5月16日、新橋停車場《しんばしていしゃじょう》（いまの旧新橋停車場跡《きゅうしんばしていしゃじょうあと》）は人、人、人であふれていた。輪《わ》の真ん中に、金栗《かなくり》と三島《みしま》がいた。

金栗《かなくり》は濃紺《のうこん》のスーツに水色のネクタイ、山高帽《やまたかぼう》をかぶっていた。まだ20歳《さい》、あまり似合《にあ》って

いない。学校のある大塚《おおつか》から、仲間《なかま》の学生100人以上《いじょう》といっしょに新橋《しんばし》まで歩いてきた。

もうひとりの三島《みしま》は、当時東京には262台しかなかった自家用車で新橋停車場《しんばしていしゃじょう》に乗りつけた。濃紺《のうこん》のダブルのスーツ、こちらはカンカン帽《ぼう》をかぶり、オニユリとナデシコの花束《はなたば》を手にしていた。26歳《さい》、鼻の下にたくわえたひげが実際《じっさい》の年齢《ねんれい》よりも大人《おとな》びていた。

ふたりは新橋《しんばし》から、監督《かんとく》の大森兵蔵《おおもりひょうぞう》、大森《おおもり》の妻《つま》アニー（日本名は安仁子《あにこ》）とともに汽車で敦賀《つるが》（福井《ふくい》県）まで行き、船、そしてシベリア鉄道と乗り継《つ》いでストックホルムに向かう。

駅前はそのすがたを見送ろうとする人でうまった。その中に選手団長《せんしゅだんちょう》の嘉納《かのう》のすがたもあった。嘉納《かのう》は遅《おく》れて出発し、ストックホルムに入る予定だ。

「何事もなく、行ってほしい」

いのるような思いで、嘉納《かのう》は金栗《かなくり》と三島《みしま》、大森夫妻《おおもりふさい》を見送った。

「先生、お待ちしておりました」

嘉納《かのう》がストックホルムに到着《とうちゃく》したのは、6月28日だ。待ちかねていた金栗《かなくり》と三島《みしま》はすぐにかけ寄《よ》ってきた。

5月16日に新橋《しんばし》を発《た》ったふたりは、敦賀《つるが》から船でロシアのウラジオストクへ。シベリア鉄道に乗りかえて、サンクトペテルブルクからまた船に乗ってフィンランドのヘルシンキを経由《けいゆ》、6月2日にスウェーデンの首都、ストックホルムに着いていた。

「調整はどうだい、うまく練習できているのか」

嘉納《かのう》はそう声をかけながらも、ふたりの不安《ふあん》そうなようすが気になった。

「石畳《いしだたみ》の道路ははじめてで、膝《ひざ》の筋肉《きんにく》を痛《いた》めてしまったようです。足袋《たび》も底《そこ》がわれてしまって、使いものになりません」

金栗《かなくり》がうったえた。石畳《いしだたみ》の舗装《ほそう》道路で足袋《たび》は早くに底《そこ》がわれて、不慣《ふな》れなかたい道路で膝《ひざ》の筋肉《きんにく》も痛《いた》めたようだ。足袋《たび》は日本に電報《でんぽう》をうって送ってもらうことができたが、膝《ひざ》の痛《いた》みで思ったように練習はできていない。

「ほかの国の短距離走選手《たんきょりそうせんしゅ》はみんな大柄《おおがら》で、速い。スピードが全然《ぜんぜん》ちがうんです……」

▲ストックホルムに向かう船の上で（左が嘉納《かのう》）

三島《みしま》も自信《じしん》を失《うしな》っていた。5尺《しゃく》7寸《すん》（174センチ）の三島《みしま》は日本では長身だが、まわりは180センチ台の選手《せんしゅ》ばかり。スピードに差《さ》も感じていた。

ふたりは新橋停車場《しんばしていしゃじょう》で嘉納《かのう》と別《わか》れたあと、いろいろ体験《たいけん》したことを語り、ストックホルムで過《す》ごした日々を話した。それはまるで巣《す》にもどってきた親鳥を迎《むか》えたひなのようでもある。

「大変《たいへん》だったねえ。何事もはじめてはつらいものだよ」

嘉納《かのう》はふたりの話をうなずきながら聞いた。

ストックホルムは白夜《びゃくや》の季節《きせつ》を迎《むか》え、いつまでも太陽は沈《しず》まない。日本選手団《せんしゅだん》はその夜おそくまで語り合った。

「白夜《びゃくや》というのは、大変《たいへん》なものだな」

ひとりになった嘉納《かのう》は、オリンピックにはじめて参加《さんか》するむずかしさを思った。

「ストックホルムは夜おそくまで明るいから、調子が狂《くる》ってしまう。夜中まで車の音が聞こえてきて、寝《ね》るのも大変《たいへん》だ。食事もちがうし、日本語が通じないから話もできない。それでいて日本代表という重い負担《ふたん》がある。せめて宿舎《しゅくしゃ》や食事など、もう少しよい環境《かんきょう》にしてやりたい」

嘉納《かのう》は、アメリカ選手団《せんしゅだん》のようすを聞いていた。ストックホルム湾《わん》に停泊《ていはく》した貨客船《かきゃくせん》を宿《しゅく》舎《しゃ》にして、選手《せんしゅ》たちが過《す》ごしやすいように環境《かんきょう》をととのえている。1896年の第1回アテネ大会からオリンピックに参加《さんか》している経験《けいけん》があるうえに、国からじゅうぶんな支援《しえん》もあった。だからできることだ。

嘉納《かのう》は、まだまだ自分が努力《どりょく》しなければならないと思った。

「日本もいずれ、アメリカのようにならなければならない。大日本体育協会《きょうかい》会長として、これからの日本スポーツ界のあり方を変《か》えていかなければ……」

そう考えながら眠《ねむ》りに落ちていった。

7月6日は快晴《かいせい》だった。開会式会場のストックホルム・オリンピックスタジアムは3万人の観衆《かんしゅう》でうまった。

28の国と地域《ちいき》から2407人の選手《せんしゅ》が参加《さんか》、ギリシャを先頭に各《かく》国と地域《ちいき》の選手団《せんしゅだん》が入場した。日本は9番目、アジアから初《はつ》の参加《さんか》である。

このとき、嘉納《かのう》は監督《かんとく》をつとめる大森兵蔵《おおもりひょうぞう》の体を心配していた。肺《はい》を病《や》み、長い旅の影響《えいきょう》もあったのだろう、大森《おおもり》は体調をくずしてしまっていた。

「大森《おおもり》くん、ほんとうにだいじょうぶなのか。無理《むり》するなよ。開会式の行進など、出なくてもいいんだから」

「いえ、そうはいきません。日本の代表としてストックホルムに来たのですから、開会式を欠《けっ》席《せき》しては面目《めんぼく》が立ちません」

大森《おおもり》の身を案《あん》じながら、しかし、その強い言葉に嘉納《かのう》は参加《さんか》を認《みと》めた。

嘉納《かのう》の提案《ていあん》で決まった、ローマ字で「NIPPON《ニッポン》」と書かれたプラカードを金栗《かなくり》が、日の丸の旗《はた》を三島《みしま》がかかげて先頭を歩き、2列目に選手団長《せんしゅだんちょう》の嘉納《かのう》、監督《かんとく》の大森《おおもり》とともに、役員として当時ストックホルムに留学中《りゅうがくちゅう》の京都帝国《ていこく》大学教授《きょうじゅ》・田島錦治《たじまきんじ》、駐《ちゅう》スウェーデン公使の内《うち》田定槌《ださだつち》がつづいた。後列の4人はみな、シルクハットに燕尾服《えんびふく》の正装《せいそう》だ。三島《みしま》と金栗《かなくり》は白い半《はん》袖《そで》、半ズボンのユニフォーム。胸《むね》に日の丸を縫《ぬ》いつけ、三島《みしま》は白のシューズ、金栗《かなくり》は黒い足袋《たび》をはいた。

この開会式のあと、同じスタジアムで陸上競技《りくじょうきょうぎ》100メートルの予選《よせん》が始まった。三島弥《みしまや》彦《ひこ》が準備《じゅんび》を始めると、どこからか「ミシマ」「ミシマ」と声があがった。嘉納《かのう》が声のする方を見ると、数少ない人たちだが、日本人が日の丸の小旗《こばた》を振《ふ》っていた。

「三島《みしま》くん、みんな見てくれているよ。思いきり走ってくれ」

もう走るために集中し始めた三島《みしま》にとどくはずもないが、嘉納《かのう》は小さくつぶやいた。

ストックホルム・オリンピックの開会式で行進する日本選手団《せんしゅだん》。左はしが嘉納《かのう》。

予選《よせん》16組、日本人としては大柄《おおがら》な三島《みしま》が外国人選手《せんしゅ》の間では小さく見える。さあ、スタートだ。きれいにそろってとび出した。三島《みしま》もつづく。だが、50メートルを過《す》ぎたあたりで、ひとり置《お》いていかれてしまった。

タイムは11秒8、日本でおこなった予選会《よせんかい》のときよりも0秒2速かった。自己最速記録《じこさいそくきろく》だ。しかし、この組で最下位《さいかい》だった。

4日後の200メートル予選《よせん》でも、三島《みしま》は最下位《さいかい》に終わった。400メートルではふたりで走った予選《よせん》で2着となり、準決勝《じゅんけっしょう》に進むことになったが、右足に痛《いた》みが出たこともあって出場は取りやめた。

「もう少しなんとかなると思っていたのだが……」

嘉納《かのう》は、大森《おおもり》に話しかけた。

「そうですね、私《わたし》も三島《みしま》くんならあるいはと思わないでもなかったんですが」

「こうして見ていると、三島《みしま》くんでも外国の選手《せんしゅ》とくらべると、見劣《みおと》りするんだなあ」

「短距離《たんきょり》はだめでも、マラソンなら……」

「そうだね、予選会《よせんかい》ではあれだけの記録《きろく》で走ったんだから、きっと勝てるよ」

マラソンは陸上競技《りくじょうきょうぎ》の日程《にってい》の最終日《さいしゅうび》、7月14日におこなわれた。北の国とは思えないほど気温が上がり、出場予定の98人のうち、スタートラインに立ったのは66人。体のことを考えて棄権《きけん》する選手《せんしゅ》も出るなか、金栗四三《かなくりしそう》は好調《こうちょう》にスタートしていった。

「金栗《かなくり》くん、いい感じですね」

「期待しているんだ」

嘉納《かのう》は大森《おおもり》と語らいながら、到着《とうちゃく》を待っていた。大森《おおもり》の病状《びょうじょう》は回復《かいふく》しないまま、三島《みしま》のレースが終わったあとは部屋で横になっている日がつづいた。しかし、監督《かんとく》の責任《せきにん》として、「金栗《かなくり》のレースだけは見守ってやりたい」とスタジアムにやってきたのだ。嘉納《かのう》は大森《おおもり》のことも心配しながら、金栗《かなくり》のゴールを見とどけなければと考えていた。

途中《とちゅう》のようすは、ときどき掲示板《けいじばん》にしめされる。しかし、金栗《かなくり》の名前は出てこない。「何かあったのかな」やきもきしながら、ひたすら待つしかなかった。

3時間近く前にスタートした選手《せんしゅ》たちが次々とゴールにもどってくる。しかし、金栗《かなくり》の姿《すがた》は見えない。

「金栗《かなくり》はどうしたんだ」

いっしょに開会式で行進した内田《うちだ》が、いらいらしたようすで聞いてきた。しかし、嘉納《かのう》にもわからない。

「もしかしたら、途中棄権《とちゅうきけん》したかもしれないな。ホテルにもどろう」

嘉納《かのう》たちがホテルにもどると、金栗《かなくり》はもう部屋にもどっていた。疲労《ひろう》でげっそりとした金栗《かなくり》は、力なく頭を下げるばかりだ。嘉納《かのう》が、金栗《かなくり》に声をかけた。

「どうした、何があったんだ」

金栗《かなくり》の両目から涙《なみだ》があふれた。

「申《もう》し訳《わけ》ありません。最初《さいしょ》は調子もよかったんです。でも、レースの途中《とちゅう》から心臓《しんぞう》が破裂《はれつ》しそうになって、それでたおれてしまったようです」

「たおれた記憶《きおく》もない」と、きれぎれに答える金栗《かなくり》を嘉納《かのう》はなぐさめるよりほかなかった。

折《お》り返《かえ》し地点を過《す》ぎたあたりで調子をくずした金栗《かなくり》は、沿道《えんどう》のスウェーデン人の家の庭に迷《まよ》いこみ、そこで手当てを受けた。その家の人たちは金栗《かなくり》が落ち着くのを待って、ホテルまで送りとどけてくれたのだという。炎天下《えんてんか》のレースは過酷《かこく》で、日射病《にっしゃびょう》でたおれてそのまま亡《な》くなる選手《せんしゅ》もいた。完走者《かんそうしゃ》はわずか34人、だれが金栗《かなくり》を責《せ》められるだろう。

気落ちした金栗《かなくり》をなぐさめながら、嘉納《かのう》は思った。

「選手《せんしゅ》にはもっと体力をつけさせなければならない。そして、もっとたくさんの選手《せんしゅ》を代表としてオリンピックに送る必要《ひつよう》がある。練習相手や体調をみてくれる人もつれてこないと……。

そのためには国が力をつけることだ」

選手《せんしゅ》どうし楽しく語らいながら練習するヨーロッパやアメリカの選手《せんしゅ》とちがい、三島《みしま》も金栗《かなくり》も、ひとりだけで練習しなければならなかった。せめて、そうした状況《じょうきょう》を変《か》えてやることが、大日本体育協会《きょうかい》会長としての自分の役目だとあらためて思った。

大会が終わり、ストックホルムをはなれる前日、嘉納《かのう》は三島《みしま》と金栗《かなくり》のふたりを自室に招《まね》いた。どうしても話しておきたいことがあった。

「三島《みしま》くん、金栗《かなくり》くん。おつかれさま」

「先生、ふがいない成績《せいせき》で申《もう》し訳《わけ》ありません」

「いやいや、ふたりとも気を落としてはいけない。結果《けっか》は自分が考えていたとおりにはいかなかったかもしれない。しかし、外国の選手《せんしゅ》たちといっしょに走り、目の前で技術《ぎじゅつ》を学んで、大きな刺激《しげき》を受けたことは大成功《だいせいこう》だったと思う」

「先生」

「このオリンピックに参加《さんか》して、日本のスポーツが国際的《こくさいてき》な檜舞台《ひのきぶたい》に第一歩をふみ出すきっかけをつくった。その意味でも、ふたりには誇《ほこ》りをもってもらいたい。外国選手《せんしゅ》の体も技術《ぎじゅつ》もすばらしかった。しかし、われわれは希望《きぼう》を捨《す》ててはならない。たとえ何年、何十年かかろうとも、国際《こくさい》レベルに追いつくための努力《どりょく》をつづける必要《ひつよう》があるんだ。いま、その扉《とびら》があいたんだよ。ふたりとも、がんばってほしい」

おだやかな表情《ひょうじょう》をうかべて、嘉納《かのう》は話した。金栗《かなくり》も、三島《みしま》もうなずいた。

閉会式《へいかいしき》を待たずに3人はストックホルムをはなれた。

金栗《かなくり》は帰国してすぐ、次のオリンピックをめざしてトレーニングを始めた。

三島《みしま》は東大総長《そうちょう》の浜尾《はまお》にも言われていたとおり、ヨーロッパの国々をたずねてまわった。行く先々で、陸上短距離《りくじょうたんきょり》のスタートで使うスターティングブロックや、やり投げのやり、スキーの板など、目についた用具を買いもとめては、日本に送った。「国際《こくさい》レベルに少しでも早く追いつくために」という思いだった。

そして嘉納《かのう》もまた、ヨーロッパを視察《しさつ》する旅に出た。

そんななか、ストックホルム大会に監督《かんとく》として参加《さんか》した大森兵蔵《おおもりひょうぞう》が、帰国途中《とちゅう》、病気の療養《りょうよう》のために立《た》ち寄《よ》ったアニー夫人《ふじん》の故郷《こきょう》、アメリカ・カリフォルニア州パサデナで、1913年1月13日、肺結核《はいけっかく》のため亡《な》くなった。まだ36歳《さい》だった。

8　クーベルタンとの友情《ゆうじょう》が始まった

「カノウさん、オリンピックへようこそ。首を長くしてお待ちしていました」

「こちらこそ、お目にかかりたいとずっと思っておりました。私《わたし》を、IOC《アイオーシー》委員という名誉《めいよ》ある役職《やくしょく》に選《えら》んでいただきましたことを、ほんとうに感謝《かんしゃ》しております」

「私《わたし》の古い友人であるジェラールからカノウさんの話を聞き、あなた以外《いがい》にアジアからのI《アイ》OC《オーシー》委員は考えられないと強く思いました。お引き受けいただいて、こちらこそありがとうございます」

ストックホルム・オリンピック開幕《かいまく》前の7月2日の午後、嘉納《かのう》はクーベルタンが泊《と》まっているホテルをたずねて、はじめて顔を合わせた。ストックホルムに到着《とうちゃく》してから6日目、待ちわびていた面会だった。

「私《わたし》は、あなたが唱《とな》えられたオリンピック運動の理念《りねん》に感動し、いっしょにこれを広めていきたいと思いました。スポーツをとおして、若者《わかもの》たちが交流し、世界の平和に貢献《こうけん》することはとてもすばらしい運動です。日本の若者《わかもの》たちがオリンピック運動に参加《さんか》して、世界に目を向けることは、日本の新しい未来《みらい》を切り開くことになると思います」

「カノウさん、日本の武士道《ぶしどう》はイギリスの騎士道《きしどう》と精神《せいしん》は同じです。オリンピックは古代ギリシャでおこなわれていたオリンピックをもとにしてつくりましたが、その精神《せいしん》は騎士道《きしどう》に大きな影響《えいきょう》を受けました。オリンピックはきっと、日本に広まっていくでしょう」

ふたりは古くからの友人であるかのように打ちとけていった。

「カノウさん、柔道《じゅうどう》はほんとうにすばらしいスポーツですね。私《わたし》は柔道《じゅうどう》の教育的《きょういくてき》なところに興味《きょうみ》をもっています」

ふたりは教育者でもある。おたがいの立場を理解《りかい》して、意見を述《の》べ合《あ》った。気がつけば、はじめての対面にもかかわらず、2時間もの時が流れていた。

ふたりはその後も、委員会の会合や競技《きょうぎ》会場で何度も顔を合わせた。そのたびに、クーベルタンは嘉納《かのう》にいろいろな関係者《かんけいしゃ》を紹介《しょうかい》し、IOC《アイオーシー》委員としてのネットワークづくりに協力《きょうりょく》をおしまなかった。

嘉納《かのう》はストックホルムをはなれる前日の8月3日、クーベルタンをたずねた。

「カノウさん、今日《きょう》はどうしましたか」

「ピエール、私《わたし》は明日《あす》ストックホルムをはなれて、ヨーロッパをまわってこようと思っていま

す。パリでお目にかかれますか」

「大歓迎《だいかんげい》です。パリでお待ちしています」

嘉納《かのう》は8月4日、ストックホルムを発《た》ち、コペンハーゲン、ベルリン、ウィーン、ジュネーブとまわり、12月1日、パリに入った。

「久《ひさ》しぶりです」

「早くお会いしたかった」

12月4日、パリの日本大使館で嘉納《かのう》はクーベルタンと落ち合い、ボクシングとフェンシングの試合《しあい》を見に出かけた。

クーベルタンはボクシングとフェンシングがもつ教育的《きょういくてき》な価値《かち》を、柔道《じゅうどう》の創始者《そうししゃ》に説明《せつめい》した。

「ふたつの競技《きょうぎ》は一対一で、決められたルールのなかでたたかいます。もし、きちんとしたルールがなければ、ただのなぐり合いや決闘《けっとう》になってしまいます。ルールによって競技《きょうぎ》となるのです」

柔道《じゅうどう》をさらに普及《ふきゅう》させようと考えていた嘉納《かのう》にとって、ヨーロッパやアメリカの格闘技《かくとうぎ》を研究するいい機会《きかい》となった。

この夜、宿泊《しゅくはく》していたホテルにもどってきた嘉納《かのう》は、とても機嫌《きげん》がよかった。

「パリでこれほど教育について話すことができるとは思わなかった」

パリをはなれる前日に、嘉納《かのう》はふたたびクーベルタンのもとをたずねたが、会うことはできなかった。しかし、嘉納《かのう》の交友関係《かんけい》のなかで、クーベルタンは特別《とくべつ》な存在《そんざい》となっていた。

9 明治神宮外苑競技場、完成《めいじじんぐうがいえんきょうぎじょう かんせい》

「嘉納《かのう》さん、ご相談があります。明治天皇《めいじてんのう》がお亡《な》くなりになり、その業績《ぎょうせき》をしのぶところをつくろうという動きがあるのはご存《ぞん》じでしょう」

1913（大正《たいしょう》2）年3月、嘉納治五郎《かのうじごろう》はストックホルム・オリンピックが終わったあと、ヨーロッパを旅して、日本にもどってきた。さっそく、東京市長の阪谷芳郎《さかたによしろう》から話があると連《れん》絡《らく》が入った。

明治天皇《めいじてんのう》は1912年7月30日、日本がはじめて参加《さんか》したオリンピック、ストックホルム大会が終わった直後にお亡《な》くなりになられた。

「ええ、阪谷《さかたに》さんや奥《おく》さまの父上、実業家の渋沢栄一《しぶさわえいいち》さんたちが明治神宮建設《めいじじんぐうけんせつ》のために動かれていることは知っています。それで相談とは……」

「いま明治神宮《めいじじんぐう》の社殿《しゃでん》やそれをかこむ森をつくり、そこを内苑《ないえん》として、もうひとつ外苑《がいえん》もつくって公園にしようと考えています。これは総理大臣《そうりだいじん》もつとめられた大隈重信《おおくましげのぶ》さんも賛成《さんせい》し、あと押《お》ししてくれています。外苑《がいえん》の中には明治天皇《めいじてんのう》と明治《めいじ》時代の偉人《いじん》たちを記念《きねん》する建物《たてもの》を建《た》てようという意見も出ています。ぜひ、嘉納《かのう》さんの意見をお聞かせください」

阪谷《さかたに》は明治《めいじ》時代の終わりごろに二度、ヨーロッパやアメリカを視察《しさつ》していた。

「ヨーロッパやアメリカには街《まち》の中に公園があるでしょう。そこが市民《しみん》の憩《いこ》いの場所になっています」

「私《わたし》も見たことがあります。公園では市民《しみん》がボール投げをしたり、かけっこをしたり、思い思いに楽しむ場として活用していますね」

「そうなんです。私《わたし》はああした公園を東京の真ん中につくりたいのです」

「私《わたし》にひとつ、考えがあります」

嘉納《かのう》は、阪谷《さかたに》の顔を見つめて、考えをうちあけた。

「敷地《しきち》が広いので、ここにスポーツのための施設《しせつ》をつくるといいのではないでしょうか。私《わたし》はストックホルム・オリンピックに参加《さんか》して、開会式が開かれたスタジアムに感動しました。あのような競技場《きょうぎじょう》をぜひ、日本にもつくりたいと思ったのです」

「いいですね、明治神宮外苑《めいじじんぐうがいえん》に競技場《きょうぎじょう》をつくる。いい考えです。明治天皇《めいじてんのう》も相撲《すもう》や腕押《うでお》しなどがお好《す》きだったと聞いていますし、ボートや馬術《ばじゅつ》にも興味《きょうみ》をおもちだったそうです」

ふたりは、ストックホルム大会後に亡《な》くなった大森兵蔵《おおもりひょうぞう》とも関係《かんけい》の深かった日本YMCA《ワイエムシーエー》をたずねた。そこでアメリカのスポーツ政策《せいさく》の話などを聞いて、ますます競技場《きょうぎじょう》をつくりたいと思うようになった。

阪谷《さかたに》と嘉納《かのう》はいろいろな人たちに会っては、「明治神宮外苑競技場《めいじじんぐうがいえんきょうぎじょう》」建設《けんせつ》のアイデアを深めていった。

1915年、嘉納《かのう》はスポーツにくわしい岸清一《きしせいいち》や、日本初《はつ》のオリンピック選手《せんしゅ》となった金栗《かなくり》四三《しそう》たちをつれて外苑《がいえん》の敷地内《しきちない》をくわしく調べた。そして、明治神宮外苑《めいじじんぐうがいえん》となる予定地の西北部、渋谷川《しぶやがわ》にそったあたりを候補地《こうほち》として阪谷《さかたに》に推薦《すいせん》した。

1922年11月、嘉納《かのう》たちが推薦《すいせん》した場所で、明治神宮外苑競技場《めいじじんぐうがいえんきょうぎじょう》の建設《けんせつ》が始まった。

突然《とつぜん》、天と地がひっくり返るような衝撃《しょうげき》がおきた。1923（大正《たいしょう》12）年9月1日午前11時58分、東京は、いや首都圏一帯《しゅとけんいったい》ははげしい地震《じしん》に見舞《みま》われた。相模湾《さがみわん》を発生源《はっせいげん》とする関東大《かんとうだい》震災《しんさい》だ。マグニチュード7・9、最大震度《さいだいしんど》6。東京では7万人をこえる人（首都圏《しゅとけん》全体では10万5000人以上《いじょう》）が亡《な》くなり、20万5000戸《こ》（首都圏《しゅとけん》全体では37万戸《こ》）以上《いじょう》の住宅《じゅうたく》に被《ひ》害《がい》が出た。

「何がおきたんだ。東京はどうなっているんだ」

嘉納《かのう》はそのとき、樺太《からふと》に視察《しさつ》の旅に出ていた。東京から連絡《れんらく》を受けると、東京高師《こうし》の学生や教職員《きょうしょくいん》に落ち着いて行動するよう指示《しじ》を出し、講道館《こうどうかん》にも安全を守って行動するよう命じた。

そして、東京にもどって、みんなが落ち着きを取りもどしたことがわかると、神宮外苑《じんぐうがいえん》を見に行った。建設中《けんせつちゅう》の競技場《きょうぎじょう》のようすも心配だった。

完成《かんせい》が間近にせまっていた競技場《きょうぎじょう》には被害《ひがい》はなかった。しかし、地震《じしん》の直後から政府《せいふ》は神宮《じんぐう》外苑《がいえん》を避難《ひなん》場所に指定した。外苑一帯《がいえんいったい》にテントが張《は》られ、9月4日からは仮設住宅《かせつじゅうたく》をつくり始めた。ここに大地震《おおじしん》で家がこわれたりした人たち、6400人を受け入れるのだ。

「なんともすごいことになっているなあ。被災《ひさい》された人たちの住宅建設《じゅうたくけんせつ》を先にしなければならないし、資材《しざい》も不足《ふそく》している。これでは工事などとてもできないだろう」

見たとたん、そう思った。嘉納《かのう》が思ったとおり、競技場建設《きょうぎじょうけんせつ》は中止された。

「このまま競技場建設《きょうぎじょうけんせつ》は取りやめるべきではないか」

一部の人からはそんな声も聞かれた。被災者《ひさいしゃ》の支援《しえん》、生活環境《かんきょう》の復旧《ふっきゅう》を先にすべきだという意見もあった。しかし、内務大臣《ないむだいじん》の後藤新平《ごとうしんぺい》は強い意志《いし》で工事をつづけることを決めた。

「たしかにまず、復旧《ふっきゅう》が先だ。しかし、落ち着けば、明治神宮外苑競技場《めいじじんぐうがいえんきょうぎじょう》の工事を再開《さいかい》したい。それが日本の未来《みらい》につながるのだ」

後藤《ごとう》は災害《さいがい》をきっかけに、東京を災害《さいがい》に強い都市、防災《ぼうさい》都市につくりかえたいと考えていた。

そのために、大胆《だいたん》な復興《ふっこう》計画をうちだした。

そんな後藤《ごとう》に、「スポーツによる復興《ふっこう》」をうったえたのが、嘉納《かのう》だった。

「競技場《きょうぎじょう》に予定していた場所は、今回の大震災《だいしんさい》では避難《ひなん》場所になりました。災害《さいがい》がおきたときに広い敷地《しきち》をもつスポーツ施設《しせつ》があればいろんな形で活用できるでしょう。大火災《だいかさい》がおきて大きな被害《ひがい》が出た隅田川《すみだがわ》のあたりには、広い公園をつくりましょう。広い公園は、避難《ひなん》場所にもなります。スポーツはまた、災害《さいがい》にあった人たちを勇気《ゆうき》づけ、明るくさせる力があります」

嘉納《かのう》の意見はたくさんの支持《しじ》をもらった。

大日本体育協会《きょうかい》は10月１日、参加《さんか》できるかどうか心配されていた１９２４年に開催《かいさい》予定のパリ・オリンピック参加《さんか》を宣言《せんげん》した。そして、11月３日には工事を中断《ちゅうだん》していた競技場《きょうぎじょう》に、砂《すな》をまいて臨時《りんじ》のトラックをつくり、東京市が主催《しゅさい》する陸上競技《りくじょうきょうぎ》大会を開いた。神宮外苑《じんぐうがいえん》に大きな歓声《かんせい》が上がり、人々には久《ひさ》しぶりに笑顔《えがお》がもどった。

工事は１９２４年5月に再開《さいかい》された。そして、10月25日には完成《かんせい》した明治神宮外苑競技場《めいじじんぐうがいえんきょうぎじょう》で式典《しきてん》がおこなわれた。

トラックは１周《しゅう》４００メートル、メインスタンド側《がわ》に２００メートルの直線コースがつくられた。フィールドには芝生《しばふ》がはられ、サッカーやラグビー、ホッケーなどもできるよう工夫《くふう》された。メインスタンドは鉄筋《てっきん》コンクリートづくり、中央に特別席《とくべつせき》が設《もう》けられ、観客席《かんきゃくせき》は１万３４００席《せき》。芝生席《しばふせき》には2万人の観客《かんきゃく》を収容《しゅうよう》できた。スタンドの下にはレストランや記者《きしゃ》席《せき》などもつくられた。

「ストックホルムのオリンピック・スタジアムを思い出すよ」

フィールドに立った嘉納《かのう》は、となりを歩く岸清一《きしせいいち》に話しかけた。岸《きし》は１９２１年に、嘉納《かのう》のあとをついで大日本体育協会《きょうかい》の第2代会長になっていた。嘉納《かのう》は60歳《さい》を区切りとして、後輩《こうはい》に会長の座《ざ》をゆずったのだった。

「外苑競技場《がいえんきょうぎじょう》がストックホルムのスタジアムに似《に》ているという話は聞きますね。でも、これは設計担当《せっけいたんとう》の小林政一《こばやしまさいち》くんが、イギリスのウエンブリー・スタジアムなどヨーロッパやアメリカのおもなスタジアムを見てまわり、各《かく》スタジアムのいいところを取り入れてデザインした競技場《きょうぎじょう》ですから……」

「そうだったな。ただ、このりっぱな競技場《きょうぎじょう》を見ていると、あのストックホルムの歓声《かんせい》がよみがえってくるんだ。あれから12年、日本もようやくここまできたなと思わずにはいられないのだよ」

「初参加以来《はつさんかいらい》、苦労《くろう》されてきましたからね、嘉納先生《かのう》は」

「いやいや、ご苦労《くろう》さまと言いたいのは岸《きし》さん、あなたにだ。パリでは、気苦労《きぐろう》が多くてつかれただろう」

岸《きし》はこの年5月から7月にかけて開かれた第8回パリ・オリンピックに選手団《せんしゅだん》役員として参加《さんか》し、体調不良《ふりょう》でパリ行きを取りやめた嘉納《かのう》にかわって、大日本体育協会《きょうかい》の国際陸上競技連盟《こくさいりくじょうきょうぎれんめい》と国際水泳連盟《こくさいすいえいれんめい》への加盟《かめい》を実現《じつげん》したのだった。

たのもしい2代目会長の岸《きし》は、さらに6月25日のＩＯＣ総会《アイオーシーそうかい》で、嘉納《かのう》につづいて日本人ふたり目のＩＯＣ《アイオーシー》委員に選《えら》ばれた。

じつは、嘉納《かのう》はパリ大会を前に、関東大震災《かんとうだいしんさい》のお見舞《みま》いの手紙を送ってきたクーベルタンに、お礼の手紙を書いた。この手紙の中で、嘉納《かのう》は大震災《だいしんさい》のようすと家族の無事《ぶじ》を伝《つた》え、ひとつのお願《ねが》いをしていた。

「新しいＩＯＣ《アイオーシー》委員に岸清一《きしせいいち》を選《えら》んで、日本からのＩＯＣ《アイオーシー》委員をふたりにしてくれませんか。それがむずかしいのなら、私《わたし》が辞《や》めるので、後任《こうにん》に岸《きし》を推薦《すいせん》してください」

クーベルタンは嘉納《かのう》の願《ねが》いを聞き入れて岸《きし》を新しいＩＯＣ《アイオーシー》委員に任命《にんめい》した。そして嘉納《かのう》にも、ＩＯＣ《アイオーシー》委員をつづけるように言った。友情《ゆうじょう》のあかしだった。

「クーベルタン男爵《だんしゃく》とエドストローム委員がよろしくとのことでした」

岸《きし》は嘉納《かのう》と仲《なか》のいいふたりの名をあげた。国際陸連会長《こくさいりくれん》のエドストロームはスウェーデンのＩＯＣ《アイオーシー》委員。国際《こくさい》スポーツ界の中心人物であり、のちに東京オリンピック招致《しょうち》のあと押《お》しをしてくれる。そして、ＩＯＣ《アイオーシー》会長にもなっている。

「そうか、ありがとう。次のオリンピック大会はあなたといっしょに行きたいものだ」

嘉納《かのう》はそう話すと、ゆっくりメインスタンドに向かって歩いていった。

5日後の10月30日、嘉納《かのう》は岸《きし》たちとともにふたたび明治神宮外苑競技場《めいじじんぐうがいえんきょうぎじょう》のメインスタンドにいた。5日間にわたって開催《かいさい》される第1回明治神宮競技《めいじじんぐうきょうぎ》大会の開会式だ。

この大会には、全国の青年団《せいねんだん》から道府県《どうふけん》（このころは都ではなく東京府《ふ》）単位《たんい》で、学生は全国を12に分けたブロックごとに予選会《よせんかい》をおこない、選《えら》ばれた選手《せんしゅ》が出場した。陸上《りくじょう》、水泳、野球、テニス、サッカー、ラグビー、ホッケー、バスケットボール、バレーボール、ボート、相撲《すもう》、柔道《じゅうどう》、剣道《けんどう》、弓道《きゅうどう》、乗馬の15競技《きょうぎ》がおこなわれた。多くの競技《きょうぎ》に女子選手《せんしゅ》も出場した。

芝生席《しばふせき》では学校の先生に引率《いんそつ》された小学生が日の丸の小旗《こばた》を振《ふ》って、一生懸命《いっしょうけんめい》、応援《おうえん》の声をはりあげた。嘉納《かのう》はそのようすを見ながら、思った。

「いつの日か、ここでオリンピック競技《きょうぎ》大会を開くことができれば……」

10 夢《ゆめ》の東京オリンピックをめざして

第1回明治神宮競技大会《めいじじんぐうきょうぎ》から4年後の1928年、嘉納《かのう》は岸《きし》とともに第9回オリンピック競技大会《きょうぎ》が開かれたオランダのアムステルダムにいた。そこで目にしたものとは、夢《ゆめ》にまで見たスタジアムのセンターポールにあがる「日の丸」だった。

8月2日、朝から降《ふ》っていた雨も陸上競技三段跳《りくじょうきょうぎさんだんと》びが始まるころには、すっかりあがっていた。雨が苦手な早稲田《わせだ》大学生、織田幹雄《おだみきお》にとっては幸運だった。

前回のパリ大会で6位《い》に入賞《にゅうしょう》、オリンピックの雰囲気《ふんいき》にもなれていた織田《おだ》は予選《よせん》の2回目のジャンプで15メートル21を記録《きろく》し、予選《よせん》をトップで通過《つうか》した。

三段跳《さんだんと》びは予選《よせん》3回、決勝3回を跳《と》び、予選《よせん》の記録《きろく》も合わせて順位《じゅんい》を決める。決勝に入って、織田《おだ》は大ジャンプをくり返し

▲アムステルダム・オリンピックにて。（中央が嘉納《かのう》、その右が岸清一《きしせいいち》）

たが、すべてファウルに終わった。しかし、ライバルの外国人選手《せんしゅ》は、だれも織田《おだ》の予選《よせん》の記《き》録《ろく》にとどかない。ついに、そのまま全員のジャンプが終了《しゅうりょう》。日本人初《はつ》のオリンピック金メダリストが誕生《たんじょう》した。

「先生、やりましたね」

岸《きし》が抱《だ》きつくように飛《と》びついてきた。

「カノウ、やったね」

ほかの国のＩＯＣ《アイオーシー》委員が次々と祝福《しゅくふく》の握手《あくしゅ》をもとめてきた。

「16年か……」

嘉納《かのう》の顔はもうくしゃくしゃだ。

「初参加《はつさんか》のストックホルムは三島《みしま》、金栗《かなくり》が力の差《さ》を見せつけられた。アントワープでは、テニスの熊谷一弥《くまがいいちや》と柏尾誠一郎《かしおせいいちろう》が銀メダルを獲得《かくとく》、日本初《はつ》のメダリストが生まれた。そしてパリではレスリングで内藤克俊《ないとうかつとし》が銅《どう》メダル。まさに、ホップ・ステップ・ジャンプの金メダルだ」

表彰式《ひょうしょうしき》、メインスタジアムのセンターポールには、ほかの国の旗《はた》の4倍ほどもある「日の丸」がかかげられた。日本選手《せんしゅ》のメダル獲得《かくとく》を予想していなかったのか、表彰式用《ひょうしょうしきよう》の旗《はた》は用意されておらず、体を包《つつ》むために選手団《せんしゅだん》が持参《じさん》していた「日の丸」をかかげたのだ。国歌・君《きみ》が代《よ》も「千代《ちよ》に八千代《やちよ》に……」と途中《とちゅう》から始まった。担当《たんとう》の係員まで混乱《こんらん》していた。

それでも、嘉納《かのう》はうれしかった。

「特大《とくだい》の『日の丸』が心から日本を祝福《しゅくふく》しているようだ」

熊谷《くまがい》と柏尾《かしお》はニューヨークでくらしながら、アメリカの大会で実力をみがいた。内藤《ないとう》もアメリカのペンシルベニア州立大学に留学《りゅうがく》して力をつけた。だからこそ、日本国内で練習を積《つ》み、きたえてきた織田《おだ》の日本初《はつ》の金メダルがうれしい。

「ようやくここまで来た」嘉納《かのう》はひとり、思うのだった。

同じ日、日本人初《はつ》の女子選手《せんしゅ》として参加《さんか》した陸上《りくじょう》の人見絹枝《ひとみきぬえ》が８００メートルで銀メダルを獲得《かくとく》した。それから６日後の８月８日、今度は競泳《きょうえい》男子２００メートル平泳ぎで鶴田義行《つるたよしゆき》が金メダルに輝《かがや》いた。

新聞はアムステルダムの金メダルを大きく報道《ほうどう》し、日本中に「オリンピック」や「金メダル」という言葉があふれた。それをきっかけに、オリンピックを日本で開催《かいさい》できないかという思いが、人々の間にはぐくまれていった。

「嘉納《かのう》先生、お願《ねが》いしたいことがあります」

1930年の暮《く》れ、朝日新聞副社長《ふくしゃちょう》の下村宏《しもむらひろし》から、思いつめたような声で連絡《れんらく》があった。

「なんだろう、いつもとようすがちがうね」

嘉納《かのう》が聞くと、下村《しもむら》は東京市長、永田秀次郎《ながたひでじろう》が考えていることを話した。

「昭和《しょうわ》15年は紀元《きげん》2600年にあたります。この年に永田《ながた》市長は、東京で第12回オリンピック競技《きょうぎ》大会を開きたいと考えているんです。織田選手《おだせんしゅ》の金メダルで、オリンピックが日本中で知られるようになりました。アジアではまだどの国も、どの都市もオリンピックを開催《かいさい》したことがありません。東京がアジアではじめて開催《かいさい》すれば、世界中の人たちに日本や東京を知ってもらえるでしょう」

紀元《きげん》2600年の「紀元《きげん》」とは、『日本書紀《にほんしょき》』に書かれている初代《しょだい》の神武天皇《じんむてんのう》が即位《そくい》した年をもとにした年号のことで、明治《めいじ》時代に定められた。昭和《しょうわ》15（1940）年はちょうど2600年にあたり、日本中で何か記念《きねん》の行事をしなければという声があがっていた。

「それに、オリンピックを東京で開けば、社会の暗い雰囲気《ふんいき》を変《か》えられるかもしれません。競技《きょうぎ》施設《しせつ》を新しくつくったり、道路を直したり、いろいろとお金をかけることで経済《けいざい》も活発になっていくでしょう」

このころ、ニューヨークの株式《かぶしき》市場の大暴落《だいぼうらく》をきっかけにして世界中が不況《ふきょう》になり、世界《せかい》恐慌《きょうこう》とよばれる状態《じょうたい》だった。日本でも経済《けいざい》の状況《じょうきょう》が悪くなり、街《まち》には失業者《しつぎょうしゃ》があふれていた。

「しかし、オリンピックを東京によぶ中心になるはずのスポーツ界が慎重《しんちょう》です。とくに岸《きし》さんは、まだ日本はスポーツをする環境《かんきょう》づくりが遅《おく》れていて、とてもオリンピックなど開催《かいさい》できる状況《じょうきょう》ではないと反対しているのです。嘉納《かのう》先生、岸《きし》さんを説得《せっとく》してもらえませんか」

困《こま》った永田《ながた》が古い友人である下村《しもむら》をとおして、嘉納《かのう》に大日本体育協会《きょうかい》会長の岸《きし》を説得《せっとく》してもらおうと考えたのだ。嘉納《かのう》は話を聞きながら、思った。

「日本もやっと、オリンピックを開催《かいさい》しようという気持ちになってきたのか」

1931年1月末《すえ》の夕方、嘉納《かのう》は下村《しもむら》や岸《きし》といっしょに話し合いをした。

「いまの日本にオリンピックを開くだけの力はない」

岸《きし》は強い調子で言いきった。これに、下村《しもむら》が反論《はんろん》した。

「いまはまだ力はないかもしれないが、大会を開くのは昭和《しょうわ》15年、まだ9年もあるじゃないか。その間に力をつけていけばいいことだろう」

「私《わたし》もそうなればいいと思う。しかし、ほんとうにできるのか。なによりも、IOC《アイオーシー》委員たちを説得《せっとく》できるのか。不安《ふあん》なことばかりだ」

岸《きし》は反対する理由を話した。

「東京はヨーロッパから遠い。IOC《アイオーシー》委員の多くはヨーロッパに住んでいる。開催《かいさい》都市を決めるとしたら、東京が遠いことが高い壁《かべ》になると思う。競技場《きょうぎじょう》については、あまり心配していない。しかし、外国から来る人が泊《と》まるホテル、西洋式の宿泊施設《しゅくはくしせつ》があるのか？　来るのは役員や選手《せんしゅ》だけじゃない。オリンピックを見に来る観光客《かんこうきゃく》もいるんだぞ。その人たちを受け入れるだけの宿泊施設《しゅくはくしせつ》もたりない。それに言葉の問題はどうする？　オリンピックはフランス語と英《えい》語《ご》を使う。ほかにドイツ語などもある。通訳《つうやく》がたくさん必要《ひつよう》になるが、日本に外国語ができる人はどれだけいるのだろう。不安《ふあん》だらけだ」

嘉納《かのう》はだまって、ふたりのやり取りを聞いていた。

「岸《きし》くんが話したことはまちがっていない。しかし、日本でオリンピックへの思いが高くなってきたいまこそ、真剣《しんけん》に東京にオリンピックをよぶことを考えてもいいのではないのか」

そう思った嘉納《かのう》は、ふたりに向かって、おだやかに話し始めた。

「私《わたし》がフランス大使からクーベルタン男爵《だんしゃく》の言葉として、アジアから初《はつ》のIOC《アイオーシー》委員にならないかとさそわれたとき、正直に言えば、不安《ふあん》もあった。いまとくらべると日本国内の関心《かんしん》はけっして高くなかった。オリンピックに参加《さんか》するために必要《ひつよう》な組織《そしき》をつくることにもあまり賛《さん》成《せい》してもらえなかった。それでも私《わたし》は、『なにくそっ、負けるもんか』と活動してきて、やっとここまで育ててきた。オリンピックを東京で開催《かいさい》することは、もっと大変《たいへん》だと、わかっている。岸《きし》さんが不安《ふあん》だというのもよくわかる。ただ、岸《きし》さん、挑戦《ちょうせん》してみないと前には進まない。将来《しょうらい》の日本スポーツ界の発展《はってん》のために、いっしょに挑戦《ちょうせん》してみないか」

淡々《たんたん》とした口調《くちょう》に熱《あつ》い思いがこもっていた。日ごろは、自分の意見を曲げない岸《きし》だったが、先輩《せんぱい》でもあり、尊敬《そんけい》する嘉納《かのう》の話に心が動いた。ボート選手《せんしゅ》でスポーツは大好《だいす》きだ。オリンピックの興奮《こうふん》を若者《わかもの》に味わわせてやりたいという思いは、嘉納《かのう》に負けないくらい強い。

「わかりました。挑戦《ちょうせん》してみましょう」

岸《きし》が賛成《さんせい》して、３人が席《せき》から立ち上がったとき、時計は午後11時をまわっていた。長い話し合いだった。

東京オリンピック招致《しょうち》へ、流れは動き始めた。ただ、岸《きし》はあらためて関係者《かんけいしゃ》にくぎを刺《さ》すのを忘《わす》れなかった。

「東京にオリンピックをよぶことはたやすいことではない。東京市も覚悟《かくご》をもって活動してもらいたい」

嘉納《かのう》も同感だった。

11　東京のために、日本のために

１９３２（昭和《しょうわ》７）年7月27日、嘉納治五郎《かのうじごろう》はＩＯＣ《アイオーシー》第3代会長、アンリ・ド・バイエ＝ラツールが宿泊《しゅくはく》するホテルの部屋を訪《おとず》れた。

「明日《あす》からのＩＯＣ総会《アイオーシーそうかい》で、東京は１９４０年のオリンピック開催《かいさい》に立候補《りっこうほ》すると発表します。私《わたし》は今後、東京招致《しょうち》のためにはたらきます。それを会長であるあなたに、真っ先に話しておきたかったんです」

28日と29日には、ここロサンゼルスでＩＯＣ総会《アイオーシーそうかい》が開かれる。30日には第10回ロサンゼルス・オリンピックが華《はな》やかに幕《まく》を開《あ》ける。その前に、ふたりだけで話をしておきたい。嘉納《かのう》は日本を出発する前から、そう考えていた。

「東京も立候補《りっこうほ》するのですか。もうローマやヘルシンキなど、多くの都市が１９４０年大会の開催《かいさい》を希望《きぼう》しています。とてもきびしい活動になるのではないですか」

「それはわかっています。しかし、東京はもう動き始めました。昨年《さくねん》、東京市とＪＯＣ《ジェイオーシー》（当時は大日本体育協会《きょうかい》）は東京大会招致《しょうち》に努力《どりょく》することを決めました。日本では28日、時差《じさ》の関《かん》係《けい》で、ちょうど今ごろでしょう、東京市議会《しぎかい》が実行委員会を設置《せっち》します」

「そうですか。しかし、私《わたし》からみれば日本はあまりにも遠い。ほかの都市とくらべて不利《ふり》になるとは思いませんか」

「たしかにヨーロッパからみれば、日本、東京は遠いでしょう。しかし、私《わたし》はその遠い道のりを時間をかけて、IOC総会《アイオーシーそうかい》に出席《しゅっせき》し、オリンピックに参加《さんか》してきました。ピエールはいつも言っていたではありませんか、『オリンピック運動を世界中に広めたい』と。遠いということは理由にはならないでしょう」

「わかりました。カノウさん、どうか体に気をつけて活動してください。ところで、あなたはおいくつになられましたか」

「70歳《さい》です。50代のあなたがうらやましい」

ベルギー出身のバイエ＝ラツールは１８７６年生まれ。嘉納《かのう》より16歳《さい》年下だが、１９０３年からIOC《アイオーシー》委員をつとめていた。25年にはクーベルタンから会長を引きついでオリンピック運動の先頭に立って活動している。嘉納《かのう》とも古くから親しい関係《かんけい》だ。ただ少しヨーロッパ中心の考え方で、伝統《でんとう》を守る人でもあった。

嘉納《かのう》がわざわざ総会《そうかい》前夜にたずねたのは、これからオリンピックの招致《しょうち》をめぐって、ふたりの間にいろいろな問題がおきるかもしれないけれど、信頼関係《しんらいかんけい》は変《か》わらないことを伝《つた》えたかったからだった。

IOC《アイオーシー》総会《そうかい》2日目の7月29日、嘉納《かのう》は、東京市長の永田秀次郎《ながたひでじろう》から託《たく》された正式な「大会招請状《しょうせいじょう》」を読み上げた。

招請状《しょうせいじょう》は「1940年の第12回オリンピック大会を日本で開き、東京は心をこめてみなさんを迎《むか》える」と書かれ、最後《さいご》に「オリンピックの聖火《せいか》を東洋（アジア）に向かわせてほしい」と結《むす》ばれていた。招請状《しょうせいじょう》はバイエ＝ラツール会長に手わたされた。もう前に進むしかない。

第12回大会にはイタリアのローマ、フィンランドのヘルシンキのほかに、バルセロナ（スペイン）、ブダペスト（ハンガリー）、ダブリン（アイルランド）、アレキサンドリア（エジプト）、ブエノスアイレス（アルゼンチン）、リオデジャネイロ（ブラジル）、トロント（カナダ）が名乗りをあげ、東京を加《くわ》えた10都市による激戦《げきせん》となった。

東京は、ロサンゼルスに5人の市議会議員《しぎかいぎいん》を送ってアピールにつとめた。オリンピックを東京によぼうと発案《はつあん》した東京市職員《しょくいん》の清水照男《しみずてるお》は、ヨーロッパにいるIOC《アイオーシー》委員たちをたずねて協力《きょうりょく》をお願《ねが》いしたあと、ロサンゼルスにやってきた。反対していた岸《きし》も、大日本体育協会《きょうかい》会長としてＩＯＣ《アイオーシー》委員や国際競技団体《こくさいきょうぎだんたい》の役員などを招《まね》いたパーティーを開き、東京への理解《りかい》をよびかけた。

嘉納《かのう》はＩＯＣ《アイオーシー》委員の中では最年長《さいねんちょう》、多くの委員から尊敬《そんけい》を集め、ユーモラスな人柄《ひとがら》から「カノウのじいさん」と親しまれていた。まわりに集まってくる人たちを相手に、東京のよさをたっぷりと説明《せつめい》する毎日だった。

そんなある日、日本の関係者《かんけいしゃ》が集まった席《せき》で、嘉納《かのう》はこう話した。

「みなさん、東京のためのご努力《どりょく》、ありがとう。でも、われわれには、もっとたのもしく、すばらしい親善《しんぜん》大使がいるじゃないですか。彼《かれ》らはきっと、東京のために大きな役割《やくわり》をはたしてくれますよ」

ロサンゼルス大会で、毎日めざましい成績《せいせき》をあげている選手《せんしゅ》たちのことだ。

男子競泳陣《きょうえいじん》は王者アメリカを圧倒《あっとう》して、６種目《しゅもく》中５

▲ロサンゼルス・オリンピック開会式で入場するＩＯＣ《アイオーシー》委員たち。手前が嘉納《かのう》

種目《しゅもく》で金メダルを獲得《かくとく》した。とくに100メートル背泳《せおよ》ぎでは、清川正二《きよかわまさじ》が金メダル、さらに日本選手《せんしゅ》が銀、銅《どう》メダルを獲得《かくとく》し表彰台《ひょうしょうだい》を独占《どくせん》した。1500メートル自由形で金メダルに輝《かがや》いた北村久寿雄《きたむらくすお》はまだ14歳《さい》10か月だ。一方、28歳《さい》10か月の鶴田義行《つるたよしゆき》は200メートル平泳ぎで二連覇《にれんぱ》をはたした。

陸上競技三段跳《りくじょうきょうぎさんだんと》びでは南部忠平《なんぶちゅうへい》が優勝《ゆうしょう》、前大会の織田幹雄《おだみきお》につづくオリンピック二連覇《にれんぱ》をかざった。棒高跳《ぼうたかと》びの西田修平《にしだしゅうへい》はアメリカの選手《せんしゅ》とよくたたかって銀メダル。日本には不利《ふり》な種目《しゅもく》だといわれていた男子100メートル決勝でも吉岡隆徳《よしおかたかよし》が途中《とちゅう》までトップ、最後《さいご》は力つきたものの6位《い》に入賞《にゅうしょう》して周囲《しゅうい》をおどろかせた。

そして、馬術障害飛越《ばじゅつしょうがいひえつ》の西竹一《にしたけいち》は愛馬《あいば》ウラヌスと一体となって難《なん》コースを次々とクリア、見事に金メダルに輝《かがや》いた。陸軍騎兵将校《りくぐんきへいしょうこう》で男爵《だんしゃく》の西《にし》は、「バロン・ニシ」とよばれ、アメリカに留学《りゅうがく》したこともあるため、アメリカ人の友人や知人も多く、スタンドから大きな拍手《はくしゅ》と声援《せいえん》を受けた。

また、陸上競技《りくじょうきょうぎ》5000メートルの竹中正一郎《たけなかしょういちろう》はほかの選手《せんしゅ》から大きく遅《おく》れたが、最後《さいご》までレースを捨《す》てずにがんばった。総合馬術耐久競技《そうごうばじゅつたいきゅうきょうぎ》の城戸俊三《きどしゅんぞう》は愛馬《あいば》をいたわりながら競技《きょうぎ》をつづけ、竹中《たけなか》とともに「競技《きょうぎ》のマナーがすばらしい」と現地《げんち》の新聞に取り上げられた。

このころアメリカでは、日本が戦争《せんそう》の準備《じゅんび》をしているとして、反日感情《かんじょう》がおこり始めていた。しかし、日本選手《せんしゅ》の活躍《かつやく》は日本へのいやな思いをふきとばした。もちろん日本では、新聞やラジオが大きく報道《ほうどう》し、選手《せんしゅ》の大活躍《だいかつやく》は日本中に知られた。

ロサンゼルスの空は青くすみわたっていた。嘉納《かのう》は心地《ここち》よかった。

「選手《せんしゅ》たちの大活躍《だいかつやく》をいっしょに喜《よろこ》んでくれる人たちがいる。青空の下のすがすがしい交流、これがオリンピックの価値《かち》、スポーツの魅力《みりょく》だと思わないか、岸《きし》さん」

「そうですね、日本の選手《せんしゅ》たちは雰囲気《ふんいき》にものまれず、ほんとうによくがんばってくれました」

「各国《かっこく》の選手《せんしゅ》たちのための選手村《せんしゅむら》も、なかなかりっぱだった」

「いい交流の場になっていましたね。東京も、選手《せんしゅ》たちが過《す》ごしやすい宿舎《しゅくしゃ》を用意しなければなりませんね」

「東京の評判《ひょうばん》はどうなんだろう。あなたはどう思っている？」

「やっぱりきびしいですね。話をしたＩＯＣ《アイオーシー》委員みんなが、『東京は遠い』と言うのですから」

「その心配をどう晴らしていくかだな……」

「ローマとヘルシンキが強いようですね。われわれからすれば、ヘルシンキはずいぶん遠いように思いますがね」

1年後の1933（昭和《しょうわ》8）年6月6日、IOC《アイオーシー》総会《そうかい》がオーストリアのウィーンで開かれた。体調をくずした岸《きし》は日本に残《のこ》り、嘉納《かのう》ひとりが出席《しゅっせき》した。

会議《かいぎ》では、日本人3人目のIOC《アイオーシー》委員に国際連盟事務次長《こくさいれんめいじむじちょう》をつとめていた杉村陽太郎《すぎむらようたろう》が選《えら》ばれた。これは、バイエ＝ラツールIOC《アイオーシー》会長の推薦《すいせん》があってのことだった。このときIOC《アイオーシー》委員が3人いる国はアメリカ、イギリス、フランス、ドイツとイタリアだけ。日本は6番目の国となり、存在感《そんざいかん》が増《ま》した。

「杉村《すぎむら》くんには、やってもらわなければならないことがたくさんある」

杉村《すぎむら》は英語《えいご》、フランス語を話し、柔道《じゅうどう》とボートを愛するスポーツマンでもあった。少年時代には嘉納塾《かのうじゅく》の塾生《じゅくせい》として嘉納《かのう》の教えを受けており、期待はとても大きかった。

その杉村IOC《すぎむらアイオーシー》委員が東京招致《しょうち》で活躍《かつやく》するのは、もう少しあとの話だが、当時は日本と国際《こくさい》社会に戦争《せんそう》という暗い影《かげ》もしのび寄《よ》っていた。日本が後《うし》ろ盾《だて》となって1932年に中国東北部に建国《けんこく》された満洲国《まんしゅうこく》をほかの国々が認《みと》めなかったため、日本は国際連盟《こくさいれんめい》を脱退《だったい》した。1933年2月のことだ。

しかし嘉納《かのう》は、「こんなときだからこそ」と明るくふるまい、総会最終日《そうかいさいしゅうび》の9日には柔道《じゅうどう》について講演《こうえん》、委員たちの前で柔道《じゅうどう》の技《わざ》を披露《ひろう》して大きな拍手《はくしゅ》をあびた。さらに東京のアピールのために、ロンドンやベルリンなどヨーロッパのおもな都市をまわって柔道《じゅうどう》の講演《こうえん》と実演《じつえん》をつづけた。

「うそじゃないのか！」

思わず嘉納《かのう》がさけんだのは日本にもどる船のなかだった。手には受け取ったばかりの電報《でんぽう》がにぎりしめられていた。

「岸《きし》くんが、岸《きし》くんが、まさか……」

電報《でんぽう》には、岸《きし》の死が書かれてあった。10月29日、岸清一《きしせいいち》は病気のため、亡《な》くなった。66歳《さい》だった。

11月20日、帰国した嘉納《かのう》は大日本体育協会《きょうかい》の本部に安置《あんち》されていた岸《きし》の遺骨《いこつ》と向かい合った。

「岸《きし》くん、思えば手賀沼《てがぬま》（千葉《ちば》県我孫子《あびこ》市）の私《わたし》の

▲ベルリン大学の体育館で熱心《ねっしん》に柔道《じゅうどう》を指導《しどう》する嘉納《かのう》

別荘《べっそう》に来てもらい、あなたに私《わたし》のあとの大日本体育協会《きょうかい》会長をお願《ねが》いして、もう12年か。ずっと苦労《くろう》をかけてきたね。私《わたし》も72歳《さい》になった。あなたも気にかけていた東京オリンピックの実現《じつげん》に、残《のこ》りの人生をかけてはたらくつもりだ。きっと、いい報告《ほうこく》をするよ」

翌年《よくねん》5月、アテネで開かれたＩＯＣ総会《アイオーシーそうかい》では、岸《きし》にかわって副島道正《そえじまみちまさ》がＩＯＣ《アイオーシー》委員に選《えら》ばれた。

副島《そえじま》は、学習院《がくしゅういん》時代に嘉納《かのう》の教えを受け、英語力《えいごりょく》とイギリスのケンブリッジ大学のネットワークをいかして外国に友人、知人もたくさんいた。岸《きし》にかわる存在《そんざい》としてはぴったりの人物だった。

「このままでは東京に招致《しょうち》することはむずかしい。ローマが有利《ゆうり》だと思う。ムッソリーニ首《しゅ》相《しょう》が一生懸命《いっしょうけんめい》、活動しているからね。ただムッソリーニには、紀元《きげん》２６００年をもり上げる大会だとわけを話して、お願《ねが》いしてみればゆずってくれるかもしれない」

杉村《すぎむら》と副島《そえじま》に嘉納《かのう》は話した。とくに理由があったわけではない。嘉納《かのう》は、「悪い方にばかり考えるよりも、希望《きぼう》をもって活動する方がいい」と考える人だった。

12 オリンピックが東京に来る

１９３５（昭和《しょうわ》10）年1月16日、ＩＯＣ《アイオーシー》委員になった副島道正《そえじまみちまさ》と杉村陽太郎《すぎむらようたろう》がローマにある官邸《かんてい》をたずねた。2月のノルウェーでのＩＯＣ《アイオーシー》オスロ総会《そうかい》を前に、ムッソリーニ首相《しゅしょう》に「ローマ辞退《じたい》」をお願《ねが》いしに来たのだ。「お願《ねが》いすれば……」という嘉納《かのう》のひと言がきっかけだ。

早く着きすぎたふたりは、官邸《かんてい》の応接間《おうせつま》で待っていた。ところが、副島《そえじま》のようすがおかしい。体を丸めていたかと思うと、突然《とつぜん》、たおれて気を失《うしな》ってしまった。

「副島《そえじま》さん、だいじょうぶですか！」

杉村《すぎむら》がよびかける。副島《そえじま》はローマへの旅の間にインフルエンザにかかり、その日の朝も38度5分にまで熱《ねつ》が上がっていた。

「すみません。会見は延期《えんき》してください」

杉村《すぎむら》はすぐにホテルにもどって医者をよんだ。熱《ねつ》は40度まで上がり、入院することになった。

副島《そえじま》は肺炎《はいえん》にかかり、4日間、意識不明《いしきふめい》の状態《じょうたい》がつづいた。

「なぜ熱《ねつ》が高いのに、彼《かれ》はそれほど無理《むり》をしたのか」

見舞《みま》いをかねて話を聞いてきたムッソリーニに、杉村《すぎむら》は答えた。

「副島《そえじま》は責任感《せきにんかん》の強い男なんです。だから約束《やくそく》を守ろうとしたんです」

「サムライだ」

ムッソリーニは感嘆《かんたん》の声をあげた。

副島《そえじま》は5日目に意識《いしき》がもどったが、その後も3週間、入院生活を送らなければならなかった。

杉村《すぎむら》から連絡《れんらく》を受けた嘉納《かのう》は心配でならなかった。東京から、杉村《すぎむら》にようすを聞いてきた。

「先生、だいじょうぶですよ。副島《そえじま》さんは歩けるようになりましたから。ムッソリーニ首相《しゅしょう》と面会の準備《じゅんび》をしています」

2月8日、回復《かいふく》した副島《そえじま》は、杉村《すぎむら》とふたりでふたたび官邸《かんてい》に出向いた。

「1940年は日本にとって紀元《きげん》2600年にあたります。国をあげてオリンピック招致《しょうち》を望《のぞ》んでいます。日本国民《こくみん》の気持ちを尊重《そんちょう》して、この年の開催《かいさい》をゆずっていただきたい。44年の大会はローマを応援《おうえん》します」

病気が治《なお》ったばかりの副島《そえじま》だったが、強い言葉で言った。その姿《すがた》をじっと見ていたムッソリーニ首相《しゅしょう》はひと言、「わかった」と答えた。

杉村《すぎむら》は大使館にもどると、日本に向けて「ローマ辞退《じたい》」と電報《でんぽう》をうった。折《お》り返《かえ》し、嘉納《かのう》か

ら連絡《れんらく》がとどいた。

「ふたりともよくがんばった」

病気の副島《そえじま》は日本に帰り、2月25日から始まったＩＯＣ《アイオーシー》オスロ総会《そうかい》には、杉村《すぎむら》がひとりで出席《しゅっせき》した。会議《かいぎ》では1940年と44年大会を同時に決める予定になっていた。ところが、急に1940年大会だけを決めることになってしまった。

「44年の確約《かくやく》がなくなれば、イタリアは東京を支持《しじ》しないかもしれない」

杉村《すぎむら》はとまどった。しかも、44年にはＩＯＣ《アイオーシー》本部のあるスイスのローザンヌがＩＯＣ設立《アイオーシーせつりつ》50周年《しゅうねん》を記念《きねん》して立候補《りっこうほ》、創設者《そうせつしゃ》のクーベルタン前会長もそれを望《のぞ》んでいるという情報《じょうほう》もある。

杉村《すぎむら》の不安《ふあん》はあたった。イタリアのＩＯＣ《アイオーシー》委員ボナコッサが40年大会へのローマ立候補《りっこうほ》を発表してしまった。おどろいた杉村《すぎむら》はムッソリーニに連絡《れんらく》をとり、「ボナコッサにローマが辞退《じたい》するよう指示《しじ》してほしい」とたのんだ。

ボナコッサは「立候補《りっこうほ》取り下げ」を発表したが、投票《とうひょう》では、総会《そうかい》を欠席《けっせき》してローマの辞退《じたい》を知らない委員からローマに34票《ひょう》も集まった。このため、開催地《かいさいち》の決定は翌年《よくねん》のベルリン総会《そうかい》に延期《えんき》されることになった。

バイエ＝ラツールＩＯＣ《アイオーシー》会長は不機嫌《ふきげん》だった。杉村《すぎむら》が会議《かいぎ》の最中《さいちゅう》にムッソリーニ首相《しゅしょう》に連絡《れんらく》をとり、イタリアのＩＯＣ《アイオーシー》委員の発表を変《か》えさせたからだ。

「オリンピックの問題に政治《せいじ》が関《かか》わってはならない」

会長は、あらためてＩＯＣ《アイオーシー》委員に話した。

「残念《ざんねん》だったが、しょうがないじゃないか。杉村《すぎむら》くんはＩＯＣ《アイオーシー》委員になったばかりで、まだ知り合いもそれほど多くはない。はじめての総会《そうかい》にひとりでよくがんばってくれた。ローマやヘルシンキなど有力な候補《こうほ》もあるなかで、決選投票《けっせんとうひょう》を来年にしたのは、杉村《すぎむら》くんのはたらきがあったからじゃないか」

杉村《すぎむら》から延期《えんき》の連絡《れんらく》を受けた嘉納《かのう》は、「東京決定」を期待していた日本のスポーツ関係者《かんけいしゃ》に向かって話した。そして、「ラツール会長は日本がきらいなのではないのか」と聞かれて、こう答えた。

「会長が日本ぎらいだといわれているが、そうではない。日本のことをまだよく知らないからだ。日本のことを知れば、きっと理解《りかい》してくれると思う。彼《かれ》を日本によんではどうだろう」

そのころ、スイスのジュネーブにある日本総領事館《そうりょうじかん》を、ひとりの老人《ろうじん》がたずねてきた。

「カノウさんは元気ですか。もし話す機会《きかい》があれば、カノウさんに伝《つた》えてください。オスロでは議論《ぎろん》が分かれたかもしれませんが、私《わたし》は東京を応援《おうえん》しますよ。私《わたし》の後継者《こうけいしゃ》にも話をして誤解《ごかい》をときます」

老人《ろうじん》はピエール・ド・クーベルタンだと名乗った。嘉納《かのう》との友情《ゆうじょう》、そしてオリンピック精神《せいしん》を広げるために東京を応援《おうえん》すると言ったのだった。

そして10月には、うれしいことに、杉村《すぎむら》のもとにムッソリーニ首相《しゅしょう》から正式な通告《つうこく》があった。

「イタリア政府《せいふ》は1940年オリンピック競技《きょうぎ》大会のローマ招致《しょうち》を取りやめ、日本の希望《きぼう》を支《し》持《じ》する」

ライバルはヘルシンキだけだ。報告《ほうこく》を受けた日本の関係者《かんけいしゃ》は大喜《おおよろこ》びした。

1936年3月19日、バイエ=ラツール会長が日本にやってきた。到着《とうちゃく》した横浜港《よこはまこう》では、横《よこ》浜《はま》市内の小学生1000人が日の丸やベルギー国旗《こっき》、オリンピック旗《き》などを振《ふ》って出迎《でむか》えた。

嘉納《かのう》は副島《そえじま》、東京市長となった牛塚虎太郎《うしづかとらたろう》たちといっしょに東京駅で待ちかまえた。

「会長、よくいらっしゃった。心より歓迎《かんげい》します」

「カノウさん、ありがとう。港で子どもたちがオリンピックの旗《はた》を振《ふ》っているのを見て、ほんとうにうれしくなりました。小さな子どもたちがオリンピックを応援《おうえん》してくれている。それは私《わたし》たちがいっしょにやってきた運動が正しかったことの証明《しょうめい》です」

「日本ではお年寄《としよ》りも子どもたちも、みんな東京にオリンピックが来るのを楽しみにしています。だから、IOC《アイオーシー》会長である、あなたを歓迎《かんげい》したんです。日本の人々のオリンピックへの思いにふれてください」

バイエ＝ラツール会長は4月9日まで滞在《たいざい》して競技施設《きょうぎしせつ》を見学したり、小学校の授業《じゅぎょう》を参観《さんかん》したり、京都《きょうと》や奈良《なら》、大阪《おおさか》などにも出かけた。嘉納《かのう》はできるかぎり、いっしょに出かけては日本のよさを話すのだった。

「明治神宮外苑競技場《めいじじんぐうがいえんきょうぎじょう》をはじめ、競技施設《きょうぎしせつ》は完璧《かんぺき》です。国民《こくみん》も熱心《ねっしん》です。ヨーロッパから遠いのは欠点《けってん》だが、オーストラリアや南米でも同じです」

このIOC《アイオーシー》会長はヘルシンキも視察《しさつ》していたが、クーベルタンの助言もあって、すっかり日本びいきへと変《か》わっていた。

さあ開催《かいさい》都市が決まるときだ。1936年7月29日、IOC《アイオーシー》ベルリン総会《そうかい》が幕《まく》をあけた。

75歳《さい》の嘉納治五郎《かのうじごろう》は日本を出発する前、あまり表情《ひょうじょう》がすぐれなかった。ロンドンが突然《とつぜん》、立《りっ》候補《こうほ》を表明したからだった。ローマが降《お》りてヘルシンキだけが相手と思っていたら、強いライバルが出現《しゅつげん》した。

さすがに嘉納《かのう》も、近代スポーツ発祥《はっしょう》の地であるイギリスが首都ロンドンをたててオリンピック開催《かいさい》をめざすとなると、落ち着いてはいられない。

「副島《そえじま》さん、すぐにロンドンに行ってくれないか。あなたの人脈《じんみゃく》を使って、何とか、立候補《りっこうほ》の意志《いし》を変《か》えさせてくれ」

副島道正《そえじまみちまさ》が、ロンドンで市長やオリンピック関係者《かんけいしゃ》に会ったが、立候補《りっこうほ》を取り下げてもらうことはできなかった。困《こま》っていた副島《そえじま》にバイエ＝ラツール会長が助け船を出した。

「ロンドンの意志《いし》は尊重《そんちょう》するが、いままで一度もオリンピックを開いたことのないアジアで開《かい》催《さい》することはとても大きな意義《いぎ》がある」

3月の日本滞在《たいざい》ですっかり日本びいきになったＩＯＣ《アイオーシー》会長は、急いで飛行機《ひこうき》でロンドンを訪《おとず》れて関係者《かんけいしゃ》に向かってこう話し、副島《そえじま》を応援《おうえん》してくれた。

一方、副島《そえじま》から「東京が危《あぶ》ない」という報告《ほうこく》を受けた嘉納《かのう》は、古くからよく知るＩＯＣ《アイオーシー》委員たちにこんなことを話していた。

「もしも、東京が遠いからという理由で東京に決まらないなら、それはＩＯＣ《アイオーシー》がまちがっている。日本からヨーロッパは遠いから来るなと言っているようなものだ。そのときは日本はさらに大きな国際大会《こくさいたいかい》を開いてみせる」

嘉納《かのう》の強い意志《いし》がＩＯＣ《アイオーシー》会長たちを動かそうとしていた。

７月30日、イギリスのＩＯＣ《アイオーシー》委員は「大会直前に立候補《りっこうほ》をして混乱《こんらん》させたことはオリンピック精神《せいしん》に反する」と発言して、立候補《りっこうほ》を取り下げた。これに勇気《ゆうき》を得《え》た嘉納《かのう》は総会《そうかい》での招致演説《しょうちえんぜつ》で、小柄《こがら》な体から声をふりしぼった。

「近代オリンピック創立《そうりつ》の意志《いし》はどこにあるのでしょうか。古代オリンピックがギリシャ国内にかぎられていたのに対し、近代オリンピックは世界の若者《わかもの》の祭典《さいてん》となっています。ヨーロッパとアメリカだけのものではありません。アジアでも開くことに大きな意義《いぎ》があると思いませんか」

嘉納《かのう》のスピーチにＩＯＣ《アイオーシー》委員たちが聞き入っている。それに力を得《え》た嘉納《かのう》は、さらに言葉をつづけた。

「もし、みなさんが、東京が遠いというのなら、日本の私《わたし》たちはどうでしょう。毎回、遠い道のりをこえて、オリンピック競技大会《きょうぎたいかい》にもＩＯＣ《アイオーシー》の会議《かいぎ》にも、熱心《ねっしん》に参加《さんか》しているではありませんか。世界に、そんな国は何か国ありますか。日本はオリンピックを大切に思っているのです。遠い東京に、日本に、世界中の若者《わかもの》が集まることでオリンピックはますます、世界的《せかいてき》な文化になると信《しん》じます」

会場となったホテル・アドロンの鏡《かがみ》の間は大きな拍手《はくしゅ》につつまれた。

次の日、開催《かいさい》都市を決める投票《とうひょう》がおこなわれた。東京は36票《ひょう》を獲得《かくとく》し、27票《ひょう》のヘルシンキに9票《ひょう》の差《さ》をつけて、アジアで初《はつ》のオリンピック開催《かいさい》が決まった。

嘉納《かのう》と副島《そえじま》は手をとりあった。副島《そえじま》は泣《な》いていた。

「うん、うん。思いがけない大勝だよ。24年前、金栗《かなくり》、三島《みしま》ふたりの選手《せんしゅ》をつれてストックホルムに行ったときは、江戸《えど》時代末期《まっき》に、勝海舟《かつかいしゅう》が咸臨丸《かんりんまる》でアメリカに行ったときのような気持ちだった」

はじめて世界の人々とふれあったときの話を、嘉納《かのう》は〝人生の師《し》〟の名前を出して話した。

1912年のオリンピックに参加《さんか》したときは、見るもの、聞くものすべてにおどろいた。それがいま、日本にオリンピックをよぶのだ。

緊迫《きんぱく》した空気がなごんで、会場から出てきた委員のひとりが外で待ちかまえる記者たちに開《かい》催地《さいち》が決まったと話した。

「トウキョウ」

決定はすぐに東京に伝《つた》えられて、翌日《よくじつ》の日本の新聞各紙《かくし》には、「東京オリンピック正式決定」「東京ついに勝てり」「おお今ぞ、オリンピックは我《われ》らの手に」と大きな活字がおどった。

日本中がわきかえり、東京市では3日間、花火が打ち上げられ、お祝《いわ》いの騒《さわ》ぎがつづいた。

しかし、戦争《せんそう》の足音もまた、少しずつ高くなっていた……。

▲東京オリンピックの招致《しょうち》を祝《いわ》う人々。中央の杖《つえ》をついている人物が嘉納《かのう》

13　嘉納治五郎《かのうじごろう》の奮闘《ふんとう》とその最期《さいご》

「ほんとうに、こんなすごい施設《しせつ》がつくれるのでしょうか。こんな運営《うんえい》ができるのでしょうか。テレビの中継《ちゅうけい》まで用意していましたよ」

副島道正《そえじまみちまさ》はベルリン・オリンピックの大がかりな規模《きぼ》におどろいた。

ドイツを支配《しはい》するアドルフ・ヒトラーが国と自分の威信《いしん》をかけて、10万人収容《しゅうよう》のスタジアムを建設《けんせつ》。1万6000人分の観客席《かんきゃくせき》をもつ水泳競技場《きょうぎじょう》、2万人収容《しゅうよう》のホッケー競技場《きょうぎじょう》など次々と競技施設《きょうぎしせつ》が新しくつくられ、選手村《せんしゅむら》も最新《さいしん》の設備《せつび》がととのえられた。

▲ベルリンに向かう船の上で（右が嘉納《かのう》）

ギリシャのオリンピアから7か国、約《やく》3075キロを結《むす》ぶ聖火《せいか》リレーも実行された。40か国

44か所に事務所《じむしょ》を設《もう》け、ポスターや映画《えいが》なども使って宣伝《せんでん》がくり返された。そしてスタジアム内だけだが、テレビによる実況中継《じっきょうちゅうけい》も試《こころ》みられた。

「とてもベルリンのようにはできない」

日本ではようやくラジオが普及《ふきゅう》してきたころだ。副島《そえじま》は悩《なや》んでいた。

「副島《そえじま》さん、そんなに考えこまなくともいいよ。日本は日本らしく、実行すればいいのだから」

嘉納《かのう》は物事をくよくよ悩《なや》まない。ただ、国内では戦争《せんそう》のための準備《じゅんび》が進み、思いどおりの競《きょう》技施設《ぎしせつ》をつくることができるかなど、心配はたくさんあった。

「オリンピックはたんなるスポーツ競技《きょうぎ》大会ではなく、開催国《かいさいこく》の文化や精神《せいしん》を外国の人たちにも理解《りかい》してもらう場だ。国をあげて取り組むものなんだ」

もちろん嘉納《かのう》も、ベルリン大会のような大がかりな規模《きぼ》の大会を考えていたわけではない。それでも外国から選手《せんしゅ》や役員を迎《むか》えるのだから、できるかぎりの準備《じゅんび》をしなければならない。スポーツ界だけではなく各界《かっかい》から人を集めた組織《そしき》委員会をつくろうと考えていた。

ようやく組織《そしき》委員会ができたのは１９３６年12月24日。会長は招致《しょうち》委員会会長だった徳川家《とくがわいえ》達《さと》がつとめ、76歳《さい》になった嘉納《かのう》は副島《そえじま》とともに委員に選《えら》ばれた。

1937年から本格的《ほんかくてき》に活動が始まったが、準備《じゅんび》はなかなか進まない。まず競技種目《きょうぎしゅもく》の決定でIOC《アイオーシー》ともめた。オリンピックの公式競技《きょうぎ》だが、まだ日本では普及《ふきゅう》していないフェンシングや近代五種競技《ごしゅきょうぎ》は実施《じっし》しないと、組織《そしき》委員会がIOC《アイオーシー》に申し出た。すると、バイエ＝ラツール会長からすぐに抗議《こうぎ》がきた。

「フェンシングも近代五種競技《ごしゅきょうぎ》もオリンピックの伝統的《でんとうてき》な競技《きょうぎ》であり、外すことはゆるされない。とくに近代五種《ごしゅ》は創始者《そうししゃ》のクーベルタン男爵《だんしゃく》が考えた競技《きょうぎ》でもある」

メインスタジアムの建設《けんせつ》場所をめぐっては、組織《そしき》委員会で意見が対立した。提出《ていしゅつ》した計画書では、明治神宮外苑競技場《めいじじんぐうがいえんきょうぎじょう》の敷地《しきち》を広げて、新しく12万人収容《しゅうよう》の競技場《きょうぎじょう》をつくることになっていた。しかし、月島《つきしま》のうめ立て地や駒沢《こまざわ》ゴルフ場（いまの駒沢《こまざわ》公園あたり）が提案《ていあん》されたりして、なかなか決まらない。

いつまでも答えが出ない。こうしたときは、これまで嘉納《かのう》がまとめてきた。しかし、嘉納《かのう》は76歳《さい》、少し発言も減《へ》っていた。

6月7日からポーランドのワルシャワで始まったIOC《アイオーシー》総会《そうかい》では、日本の準備不足《じゅんびぶそく》が大きな問題になった。とくにヘルシンキを支持《しじ》したヨーロッパの国々からきびしい意見が出された。

「日本はほんとうに開催《かいさい》できるのか」

「日本は戦争《せんそう》の準備《じゅんび》をしている。平和の祭典《さいてん》を開いていいのか」

会議《かいぎ》では4日間、19時間にわたって議論《ぎろん》された。

「日本は開催《かいさい》に向けて努力《どりょく》しています」

答える副島《そえじま》は一時、つかれて声が出なくなった。

「私《わたし》たちは東京を選《えら》んだのだ。日本のスポーツはいま発展《はってん》の時を迎《むか》えようとしている。東京の準備《じゅんび》をもう少し見守ってほしい」

バイエ＝ラツール会長が反対意見をおさえ、フェンシングや近代五種《ごしゅ》もふくめた18競技《きょうぎ》を正式競技《きょうぎ》とし、武道《ぶどう》、野球を公開競技《きょうぎ》としておこなうことが決まった。さらに1940年冬季《とうき》オリンピック開催地《かいさいち》に札幌《さっぽろ》を選《えら》んだ。


しかし、とうとう戦争《せんそう》が始まった。

7月7日、中国の北京郊外《ペキンこうがい》の盧溝橋《ろこうきょう》付近《ふきん》で日本軍《ぐん》と中国軍《ぐん》による武力衝突《ぶりょくしょうとつ》がおきた。戦火《せんか》は北京《ペキン》から天津《テンチン》へと広がり、8月13日には上海《シャンハイ》でも日中両軍《りょうぐん》が衝突《しょうとつ》した。

準備《じゅんび》の遅《おく》れ、武力衝突《ぶりょくしょうとつ》の広がり、不足《ふそく》していく物資《ぶっし》……海外からだけではなく、国内でも「オリンピック返上」「オリンピック中止」の声が、しだいに高くなっていた。

おりから、オリンピック運動にはショックなことがおきた。

近代オリンピックの創始者《そうししゃ》、ピエール・ド・クーベルタンが9月2日、スイス・ジュネーブのラグルンジュ公園を散策中《さんさくちゅう》、脳出血《のうしゅっけつ》のために急死した。74歳《さい》だった。

クーベルタンは、IOC《アイオーシー》会長を退《しりぞ》いたあと、本部のあるローザンヌに暮《く》らしていたが、オリンピック運動に財産《ざいさん》の多くを寄付《きふ》するなどして、けっして裕福《ゆうふく》な生活ではなかったという。そのクーベルタンは東京オリンピックを支援《しえん》していた。

「私《わたし》はオリンピック運動が世界五大陸《ごたいりく》に広まることを理想にしてきた。東京でオリンピックが開かれることで、アジア全体にオリンピック運動が広まっていく。貴重《きちょう》なヨーロッパの古代文明とアジアのすばらしい文化とが結《むす》びつくことはとてもうれしい」

オリンピック運動にも、そして東京にも大きな損失《そんしつ》だった。このころ、外出も減《へ》っていた嘉《か》納《のう》は、我孫子《あびこ》にある別荘《べっそう》で長く友情《ゆうじょう》をはぐくんできた友人の死を静《しず》かにいたんだ。

そんな嘉納《かのう》が動いた。

「これが最後《さいご》の旅になる」

1938年2月14日、日本を発《た》った嘉納《かのう》は、船、飛行機《ひこうき》と乗りついで3月8日にエジプトのカイロに着いた。3月10日から始まるＩＯＣ総会出席《アイオーシーそうかいしゅっせき》のためだ。77歳《さい》の嘉納《かのう》にとっては、きびしい旅だった。

この旅はしかし、どうしても来たかった。ＩＯＣ総会《アイオーシーそうかい》のあと、前の年に亡《な》くなったクーベルタンの慰霊祭《いれいさい》がギリシャのオリンピア遺跡《いせき》でおこなわれ、ローザンヌの墓地《ぼち》にうめられた遺体《いたい》から心臓《しんぞう》だけを切りはなしてオリンピアの記念塔《きねんとう》の下にうめるのだ。嘉納《かのう》は、心の友に最後《さいご》の別《わか》れをつげたかった。

総会《そうかい》には、嘉納《かのう》のほか、組織《そしき》委員会からは事務総長《じむそうちょう》の永井松三《ながいまつぞう》のほか7人がついてきた。前年のＩＯＣ《アイオーシー》ワルシャワ総会《そうかい》（ポーランド）で、ひとり日本の立場を主張《しゅちょう》した副島道正《そえじまみちまさ》は病気がちで、医者から旅行を止められた。

嘉納《かのう》を待っていたのは、ＩＯＣ《アイオーシー》委員たちからの質問《しつもん》の嵐《あらし》だった。

というのも、3月7日に日本の議会《ぎかい》では開催《かいさい》中止をすすめる河野一郎《こうのいちろう》衆議院議員《しゅうぎいんぎいん》の質問《しつもん》に、杉山元《すぎやまはじめ》陸軍大臣《りくぐんだいじん》が、「中国でおきた日本との武力衝突《ぶりょくしょうとつ》がつづくかぎり、オリンピックは開催《かいさい》できないと考えている」と答え、カイロの新聞でも大きく報道《ほうどう》されていたからだ。

「まずいことになりましたね」

新聞を手に永井《ながい》が話しかけてきた。

嘉納《かのう》は「うむ」と言ったきり、おしだまった。不愉快《ふゆかい》だった。

「なぜ軍人《ぐんじん》や政治家《せいじか》はこれほど軽く、中止を口にするのか」

嘉納《かのう》はベルリン総会《そうかい》で東京開催《かいさい》が決まってから、どんな状況《じょうきょう》になろうとも「開催《かいさい》」を主張《しゅちょう》しつづけた。

「国際公約《こくさいこうやく》を守らないで、日本はどうするんだ。孤立《こりつ》したいのか」

突然《とつぜん》のきびしい口調《くちょう》に、永井《ながい》はおどろいたように嘉納《かのう》を見つめた。

「最近《さいきん》、ほとんど会議《かいぎ》では話さずにいた老人《ろうじん》の、どこからこんな強い言葉が出てくるのだろうか……」

嘉納《かのう》は頑固《がんこ》な性格《せいかく》だ。子どものときから、きびしい状況《じょうきょう》に置《お》かれれば置《お》かれるほど、「なにくそっ」と歯を食いしばってきた。今がそのときだと、闘志《とうし》を燃《も》やしていた。

カイロでの開会式を終えて、会議《かいぎ》は13日からナイル川を行く豪華客船《ごうかきゃくせん》ビクトリア号の船内で始まった。

はじめに中国のＩＯＣ《アイオーシー》委員からの「１９４０年開催地《かいさいち》の変更《へんこう》」をもとめる電報《でんぽう》が読み上げられた。しかし、議長《ぎちょう》をつとめるバイエ＝ラツール会長は議題《ぎだい》に取り上げなかった。

会長は10日の開会式で、１９４０年第12回オリンピック競技《きょうぎ》大会がはじめてアジアで開催《かいさい》される意義《いぎ》をうったえ、「東京でオリンピックを開くことで、オリンピック運動が全世界に拡大《かくだい》する」と話した。東京が自分から「返上」を言い出さない限《かぎ》り、開催地《かいさいち》の変更《へんこう》はないと考えていた。

つづいて永井《ながい》たちが、東京の準備状況《じゅんびじょうきょう》を説明《せつめい》した。すると、次々にきびしい質問《しつもん》がとびかった。

「戦争状態《せんそうじょうたい》のなかで、日本はほんとうにオリンピックを開催《かいさい》できるのか」

「競技場《きょうぎじょう》の建設《けんせつ》場所さえ決まっていないのでは話にならない」

「組織《そしき》委員会の準備《じゅんび》は間に合うのか」

「日本政府《せいふ》の支援《しえん》はだいじょうぶなのか」

そして、「もし日本が開催《かいさい》を保証《ほしょう》できないなら、次の候補地《こうほち》が決められるように早めにIO《アイオー》C《シー》に知らせるべきだ」という意見もとび出した。

すると、待っていたように声があがった。

「第12回大会が開催《かいさい》できなくなれば、日本の責任《せきにん》だ」

「大会が始まるまでに日本と中国の戦争《せんそう》が終わらなければ、IOC《アイオーシー》のためにも日本のためにも東京での開催《かいさい》をやめるようすすめるべきだ」

強硬《きょうこう》な意見がつづいた。

嘉納《かのう》はそんなきびしい雰囲気《ふんいき》のなかで、声をふりしぼって話し始めた。

「このオリンピックは日本の精神《せいしん》、文化を広く知ってもらういい機会《きかい》になります。世界の人々を東京に迎《むか》えて国民《こくみん》の目が世界に開き、世界の人々と仲良《なかよ》くできるのです。戦争状態《せんそうじょうたい》でも、日本は国際公約《こくさいこうやく》を守る国だと知ってほしいのです。政治《せいじ》に国境《こっきょう》があったとしても、スポーツには国境《こっきょう》はありません。日本でオリンピックを開催《かいさい》しないということはありえません」

日本はかならず東京オリンピックを開催《かいさい》すると言いきって、嘉納《かのう》は話を終えた。

ＩＯＣ《アイオーシー》委員たちは、それでも不安《ふあん》だった。

「勧告《かんこく》を出した理由を、カノウさん、あなたはわかっているのか」

そう聞いてくる委員もいた。

しかし、ＩＯＣ《アイオーシー》会長は、「東京から開催地《かいさいち》を変更《へんこう》することはない」と言いきった。

そして、アメリカのアベリー・ブランデージ委員とウイリアム・メイ・ガーランド委員がそろって言った。「日本を支持《しじ》する」と。日本とは太平洋《たいへいよう》をはさんだ大国の委員の言葉は重い。

ＩＯＣ《アイオーシー》委員はしたがうしかなかった。

大会の期間を9月21日から10月6日にすると承認《しょうにん》して、総会《そうかい》は終わった。30年にわたってＩ《アイ》

ＩＯＣ《オーシー》委員として活躍《かつやく》し、「カノウのじいさん」と親しまれていた嘉納《かのう》への大きな贈《おく》り物《もの》にちがいなかった。

ほっとした表情《ひょうじょう》をうかべて、嘉納《かのう》は会場を出た。ひどくつかれていた。

「おつかれさまでした」

永井《ながい》のひとことに、緊張《きんちょう》の糸が解《と》けた。

「いかだに乗っているような会議《かいぎ》だったね。突《つ》きとばしに来る人もいれば、足を引っぱる人もいた。水に落ちないよう必死《ひっし》だったよ」

総会《そうかい》を終えた嘉納《かのう》はアテネに向かった。そこからクーベルタンの慰霊祭《いれいさい》があるオリンピアへ。道のりは長い。車にゆられながら、はじめて会った日のことを思った。

「ピエール、やっと日本はオリンピックを開催《かいさい》するところまで来たよ。よくがんばったとほめ

▲エジプト・カイロのスフィンクス前にて（右が嘉納《かのう》）

てくれるかい」

心の友はおだやかに笑《わら》っていた。「もうひとがんばりだ」と。

慰霊祭《いれいさい》を終えて、嘉納《かのう》はヨーロッパをまわり、アメリカにわたった。日本を支持《しじ》してくれたIOC《アイオーシー》委員へのお礼のあいさつまわりである。

「アベリーにはよくお礼をしておかんとな。彼《かれ》がいちばん熱心《ねっしん》に日本をささえてくれたのだから……」

シカゴのブランデージの屋敷《やしき》に立《た》ち寄《よ》り、シアトルに向かう。そこから日本郵船《ゆうせん》の氷川丸《ひかわまる》に乗りこめば、なつかしい日本はもうすぐだ。

船の中で、乗り合わせた客たちが次々と嘉納《かのう》に話しかけてくる。みんな、IOC総会《アイオーシーそうかい》で東京開催《かいさい》を認《みと》めさせた演説《えんぜつ》のことを知っていた。

「嘉納《かのう》さん大活躍《だいかつやく》でしたね」

そう言われると、嘉納《かのう》は顔をくしゃくしゃにして話した。

「ほんとうに、IOC《アイオーシー》はよく、東京開催《かいさい》を認《みと》めてくれたよ」

平沢和重《ひらさわかずしげ》は29歳《さい》、ワシントンにある日本大使館に勤務《きんむ》していた。日本にもどる氷川丸《ひかわまる》にたまたま乗り合わせ、柔道《じゅうどう》を創始《そうし》し日本オリンピックの父といわれた嘉納《かのう》に出会った。

「私《わたし》は外務省《がいむしょう》では杉村陽太郎《すぎむらようたろう》さんの後輩《こうはい》になります。杉村《すぎむら》さん、体をこわされて残念《ざんねん》です」

「そうなんだよ、彼《かれ》は東京オリンピック招致《しょうち》のほんとうの立役者だったからね。体調をくずさなければ、私《わたし》にかわって先頭に立ってほかの国々とわたり合っていたはずなのだが……」

「嘉納《かのう》さんはお元気で何よりです」

「いや、さすがに今回はつかれたよ。開催《かいさい》に向けて、やらなければならないこともたくさんできた。日本にもどったら、またいそがしくなるよ。いまのうちに休んでおこう」

少し寒気がすると言《い》い残《のこ》して、嘉納《かのう》は自室にもどった。平沢《ひらさわ》は少しふらつくような足取りが

▲氷川丸《ひかわまる》での最後《さいご》のすがた

気になった。

翌日《よくじつ》、朝食の時間だが、嘉納《かのう》のすがたはない。平沢《ひらさわ》は嘉納《かのう》の船室をたずねてみた。ベッドの中に人なつっこい顔があった。ただ、いつもとちがって苦しそうに息をしている。

「だいじょうぶですか」

「つかれが出たんだな。もう年だよ、風邪《かぜ》をひいたようだ」

「それはよくありませんね。船医にみてもらった方がいいですよ」

手当を受けたが、いっこうによくならない。

「先生、嘉納《かのう》さん、だいじょうぶでしょうか」

「肺炎《はいえん》になりかかってますね。年齢《ねんれい》が年齢《ねんれい》だから、ちょっと心配です」

その後、急に症状《しょうじょう》が悪くなった。そして5月4日、容態《ようだい》は急変《きゅうへん》した。

横浜港《よこはまこう》に着くまで、あと2日。明治《めいじ》から大正《たいしょう》、昭和《しょうわ》、日本のスポーツ界を先頭ランナーとして走りつづけた嘉納治五郎《かのうじごろう》は太平洋《たいへいよう》を行く船の上で、77歳《さい》の生涯《しょうがい》の幕《まく》を下ろした。

14 東京の火は消えた

1938年5月6日、横浜港《よこはまこう》に着いた氷川丸《ひかわまる》から、嘉納《かのう》の遺体《いたい》を収《おさ》めた棺《ひつぎ》がオリンピック旗《き》でくるまれてタラップをおりていく。細かい雨がけむるように降《ふ》っていた。

「嘉納《かのう》さんが亡《な》くなって、東京オリンピックはどうなっていくのだろう」

平沢和重《ひらさわかずしげ》は目に焼《や》きつけるように、じっと、その光景《こうけい》を見つめた。

同じ日、大日本体育協会《きょうかい》に1通の手紙が配達《はいたつ》された。海外から届《とど》いたその手紙の差出人《さしだしにん》は嘉納治五郎《かのうじごろう》。4月4日、カイロからアテネ、オリンピアを経《へ》て、パリで書かれていた。

「カイロの会議《かいぎ》は日本にはいい形で終わったけれども、これからいろいろな問題を解決《かいけつ》していかなければならない。どう問題を処理《しょり》していくのか、悩《なや》んでいる。予定を早めて5月上旬《じょうじゅん》に東京にもどるので、いろいろ決めていきたい」

そこには、東京オリンピック開催《かいさい》のために、まだまだはたらく決意がこめられていた。

嘉納《かのう》の葬儀《そうぎ》は5月9日、講道館《こうどうかん》大道場でとりおこなわれた。

日本のスポーツ界、教育界をあげた葬儀《そうぎ》には、多くの教え子たちが参列《さんれつ》し、最後《さいご》を見送った。国内外から数多くのいたむ言葉が寄《よ》せられるなかに、バイエ＝ラツールＩＯＣ《アイオーシー》会長からの言葉もあった。

「嘉納《かのう》さんの死は日本にとっての大きな損失《そんしつ》にとどまらず、世界中のスポーツ界にとっても同じです。嘉納《かのう》さんは偉大《いだい》なスポーツマンでした。スポーツ界のチャンピオンでした。また、ほんとうの教育者でした。日本のすべてのスポーツマンに対して、われわれのもっとも深い哀悼《あいとう》の意を伝《つた》えます」

嘉納《かのう》の死を惜《お》しむ思いがつまった文章だった。しかし、その嘉納《かのう》の死は、東京開催《かいさい》とは逆《ぎゃく》の方向に向かうきっかけとなっていった。

すでに、バイエ＝ラツール会長は4月2日、ＩＯＣ《アイオーシー》を代表して駐《ちゅう》ベルギー大使・来栖《くるす》三郎《さぶろう》に厳重《げんじゅう》な警告《けいこく》を出していた。

「私《わたし》は東京オリンピック開催《かいさい》に向けていろいろと考えているが、私《わたし》のもとには開催《かいさい》に反対する電報《でんぽう》が150通も届《とど》いている。もし、来年（1939年）1月のオリンピック招請状《しょうせいじょう》発送までに戦争《せんそう》が終わっていなければイギリス、アメリカ、スウェーデンはもちろん、大会をボイコットする国々がたくさん出てこよう。日本側《がわ》からオリンピックを辞退《じたい》したほうがいいのではないか」

組織《そしき》委員会はようやくメインスタジアム建設《けんせつ》予定地を駒沢《こまざわ》ゴルフ場跡地《あとち》にすると決め、施設《しせつ》建設《けんせつ》に向けて動き始めた。しかし、ちょうどＩＯＣ《アイオーシー》が１８９４年に創設《そうせつ》された記念《きねん》の日にあたる6月23日、近衛内閣《このえないかく》は「戦争《せんそう》をしていくために必要《ひつよう》のない建築《けんちく》工事は、工事が始まっていても中止する」と発表した。

そして7月14日、スポーツを監督《かんとく》する厚生省《こうせいしょう》が東京オリンピック開催《かいさい》の中止を決定。翌《よく》15日には、政府《せいふ》が大会開催権《かいさいけん》の返上を決めた。

7月16日、組織《そしき》委員会はＩＯＣ《アイオーシー》本部とバイエ＝ラツール会長あてに「東京オリンピック大会開催《かいさい》返上」を連絡《れんらく》した。

待ちに待った「オリンピックの聖火《せいか》」は、ついに東京にともらないまま消えた。嘉納治五郎《かのうじごろう》は、日本がオリンピックを返上したことを知らないまま、生涯《しょうがい》を閉《と》じた。

オリンピックはこの東京の返上のあと、１９４０年、その後の44年と2大会にわたって開催《かいさい》されなかった。第二次世界大戦《せかいたいせん》の影響《えいきょう》だ。

返上の騒《さわ》ぎを冷静《れいせい》に見ていた人たちもいた。ひとりは、嘉納《かのう》の最期《さいご》に立ち会った若《わか》い外交官《がいこうかん》の平沢和重《ひらさわかずしげ》だ。

「返上されなくても、開催《かいさい》はむずかしかっただろう。アメリカやヨーロッパの国々とくらべると、日本にはまだオリンピックを開催《かいさい》する力はなかったと思う」

もうひとりは、1939年に日本水泳連盟《れんめい》理事長になる田畑政治《たばたまさじ》。朝日新聞政治部《せいじぶ》記者出身の田畑《たばた》は、ジャーナリストらしく分析《ぶんせき》した。

「一般《いっぱん》の人たちのスポーツやオリンピックへの関心《かんしん》は、まだ高くはない。開催《かいさい》していればスポーツへの無理解《むりかい》からおこる問題も出てきて、大恥《おおはじ》をかいていたかもしれない」

ふたりはしかし、こうも思うのだ。

「いつか、日本がほんとうにオリンピックを開催《かいさい》できる実力を身につけたとき、また立候補《りっこうほ》すればいい」

夢《ゆめ》は、あとにつづく人たちに託《たく》された。

エピローグ

1959（昭和《しょうわ》34）年5月23日、1964年に開く第18回オリンピック競技《きょうぎ》大会の開催《かいさい》都市を決めるIOC《アイオーシー》総会《そうかい》がベルリンで開かれた。

立候補《りっこうほ》していたのは、東京のほかにベルギーのブリュッセル、アメリカのデトロイト、オーストリアのウィーン。3日目の最終日《さいしゅうび》、立候補《りっこうほ》都市によるプレゼンテーションがおこなわれた。東京の説明役《せつめいやく》となったのは、NHK《エヌエイチケー》解説《かいせつ》委員となっていた平沢和重《ひらさわかずしげ》。嘉納《かのう》が亡《な》くなったとき、氷川丸《ひかわまる》に乗り合わせて最期《さいご》をみとった外交官《がいこうかん》だ。

「われわれはアジアで初《はつ》のIOC《アイオーシー》委員になった嘉納《かのう》さんの遺志《いし》をついで、アジアではじめてのオリンピック開催《かいさい》に努力《どりょく》します」

平沢《ひらさわ》は、幻《まぼろし》に終わった1940年の東京オリンピックの開催《かいさい》に努力《どりょく》した嘉納《かのう》の名前をあげた。

そして、日本の小学校で使われている小学6年生の国語の教科書をかかげて、こう話した。

「この教科書には、オリンピックを始めたクーベルタン男爵《だんしゃく》の生涯《しょうがい》が書かれています。日本ではこのように、義務《ぎむ》教育でオリンピックのことを教えていますから、すべての国民《こくみん》がオリンピック精神《せいしん》を理解《りかい》しています」

最後《さいご》は「人間どうしのつながりには、直接会《ちょくせつ》うことがいちばんです。それが平和をつくります。西洋で開いた花を東洋の、日本でも咲《さ》かせてください」と結《むす》んだ。

もち時間は45分間あったが、15分間にまとめた短く、わかりやすいスピーチにＩＯＣ《アイオーシー》委員から大きな拍手《はくしゅ》がわいた。

嘉納《かのう》と親しく、40年大会招致《しょうち》をあと押《お》ししてくれたアメリカのアベリー・ブランデージ委員はこのとき、第5代ＩＯＣ《アイオーシー》会長になっていた。アメリカのデトロイトが立候補《りっこうほ》していたが、平《ひら》沢《さわ》のスピーチにわざわざ椅子《いす》から立ち上がり、笑顔《えがお》で拍手《はくしゅ》したのだった。

その後、1回目の投票《とうひょう》で東京が過半数《かはんすう》を獲得《かくとく》して開催《かいさい》都市に決まった。

東京都知事でＩＯＣ《アイオーシー》委員でもある東 龍太郎《あずまりょうたろう》や招致《しょうち》の先頭に立った田畑政治《たばたまさじ》たちを中心に喜《よろこ》びの輪《わ》ができ、ブランデージ会長が歩《あゆ》み寄《よ》った。

「ヒラサワさんのスピーチに感動した。しかし、それ以上《いじょう》に、カノウさんが温《あたた》めてきた友情《ゆうじょう》に、ＩＯＣ《アイオーシー》委員がこたえたのだと思う」

1964年10月10日午後2時、青くすみわたった空のもと、改装《かいそう》されて7万5000人も収容《しゅうよう》できるようになった国立霞ヶ丘競技場《かすみがおかきょうぎじょう》にトランペットによるファンファーレが鳴りひびいた。第18回東京オリンピック競技《きょうぎ》大会開会をつげた。

「世界中の秋晴れを集めたような、今日《きょう》の東京の青空です」

テレビからは、実況《じっきょう》するアナウンサーの明るい声が流れた。軽快《けいかい》な行進曲『オリンピック・マーチ』に乗り、93の国と地域《ちいき》の選手団《せんしゅだん》の入場行進が始まった。

田畑《たばた》も、平沢《ひらさわ》もスタンドから行進を見守った。

「嘉納《かのう》さん、見てますか。あなたの夢《ゆめ》がかないましたよ」

巻末資料

嘉《か》納《のう》治《じ》五《ご》郎《ろう》

嘉納治五郎と関係の深い人びと

ピエール・ド・クーベルタン（1863〜1937年）

パリ（フランス）の貴族《きぞく》の家に生まれる。イギリスやアメリカでおこなわれていたスポーツ教育をフランスに取り入れるために力をつくした。この教育改《かい》革《かく》をすすめるなかで、古代オリンピックの復活《ふっかつ》をめざすようになる。

1894年6月23日に国際《こくさい》オリンピック委員会（IO《アイオー》C《シー》）をつくり、事務総長《じむそうちょう》となる。96年にはギリシャのアテネで、近代オリンピック第1回大会を開催《かいさい》。その後、IOC《アイオーシー》の会長となり、1925年までつとめた。

オリンピックのシンボルとして知られる五輪《ごりん》のマークは、クーベルタンが考案《こうあん》したもので、1920年のアントワープ・オリンピックから使用されている。

勝《かつ》海舟《かいしゅう》（1823〜1899年）

旗本《はたもと》の長男として、江戸《えど》（東京都）で生まれる。本名は義邦《よしくに》といい、ふだんは麟太郎《りんたろう》と名乗っていた。1853年にペリーが来航《らいこう》すると、軍艦《ぐんかん》をつくり、西洋の兵術《へいじゅつ》を教える学校をつくるべきだという意見書を江《え》戸幕府《どばくふ》に提出《ていしゅつ》し、幕府《ばくふ》の役職《やくしょく》を得《え》た。60年には幕府《ばくふ》から命じられ、咸臨丸《かんりんまる》の艦長《かんちょう》としてアメリカにわたった。

68年に幕府側《ばくふがわ》と倒幕側《とうばくがわ》の戦争《せんそう》がおこり、倒幕側《とうばくがわ》の西郷《さいごう》隆盛《たかもり》がひきいる軍《ぐん》が江戸《えど》に進軍《しんぐん》。海舟《かいしゅう》は西郷《さいごう》に会って、江《え》戸《ど》への総攻撃《そうこうげき》が中止された。明治《めいじ》時代になると、新政《しんせい》府《ふ》の重要《じゅうよう》な役職《やくしょく》についていたが、75年ごろから、すべての役職《やくしょく》をしりぞいて本を書くことに専念《せんねん》し、100冊《さつ》ほどの本を書き上げた。

アンリ・ド・バイエ＝ラツール（1876～1942年）

ベルギー出身の貴族《きぞく》。クーベルタンの辞任《じにん》後、第3代IOC《アイオーシー》会長をつとめた。1936年のベルリン・オリンピックのとき、ユダヤ人排除《はいじょ》をすすめるヒトラーに反対した。1936年に来日し、その後のIOC《アイオーシー》総会《そうかい》で、東京開催《かいさい》を決定した。1942年に航空事故《こうくうじこ》で亡《な》くなった。

アベリー・ブランデージ（1887～1975年）

アメリカのミシガン州出身。1912年ストックホルム・オリンピックでは陸上《りくじょう》の十種競技《じっしゅきょうぎ》の選手《せんしゅ》として活躍《かつやく》した。治五郎《じごろう》と親しく、1940年の東京オリンピック開催《かいさい》を支持《しじ》。第5代IOC《アイオーシー》会長になり、1964年の東京オリンピック、72年の札幌《さっぽろ》オリンピックを開催《かいさい》。札幌《さっぽろ》市の藻岩山《もいわやま》神社に祭神としてまつられている。

富田常次郎《とみたつねじろう》（1865～1937年）

静岡《しずおか》県沼津《ぬまづ》市の出身。もとは山田《やまだ》常次郎《つねじろう》といい、1893年に富田姓《とみたせい》となる。1879年に治五郎《じごろう》の父、治郎作《じろうさく》に誘《さそ》われ、嘉納家《かのうけ》の書生となった。1882年、講道館《こうどうかん》の創立《そうりつ》と同時に最初《さいしょ》の門弟《もんてい》となり、後に「講道館四天王《こうどうかんしてんのう》」のひとりに数えられた。1906年にアメリカにわたり、柔道《じゅうどう》の普及《ふきゅう》にあたった。

西郷四郎《さいごうしろう》（1866～1922年）

福島《ふくしま》県会津若松《あいづわかまつ》市の出身。1882年に上京し、講道館《こうどうかん》に入門。「講道館四天王《こうどうかんしてんのう》」のひとり。富田常《とみたつね》次郎《じろう》の息子《むすこ》で後に作家となる富田常雄《とみたつねお》によって『姿三四郎《すがたさんしろう》』という小説《しょうせつ》にえがかれた。治五郎《じごろう》の高弟《こうてい》である。激《はげ》しい稽古《けいこ》の末《すえ》に背負投《せおいな》げと釣込腰《つりこみごし》、払《はら》い腰《ごし》を合わせたような「山嵐《あらし》」という幻《まぼろし》の大技《おおわざ》をあみ出した。

永井《なが》道明《いみちあき》（1869〜1950年）

茨城《いばらき》県水戸《みと》市出身。１９０５年からアメリカやヨーロッパのスポーツ事情《じじょう》を調査《ちょうさ》。08年にはロンドン・オリンピック大会を視察《しさつ》した。帰国後は治五郎《じごろう》が校長をつとめる東京高等師範《しはん》学校 教授《きょうじゅ》となった。その後、日本最初《さいしょ》の学校体操《たいそう》教授要目《きょうじゅようもく》をつくり、日本の体育教育に力をつくし、「日本学校体操《たいそう》の父」とよばれた。

大森兵蔵《おおもりひょうぞう》（1876〜1913年）

岡山《おかやま》県出身。１９０１年、アメリカにわたり、国際《こくさい》ＹＭＣＡ《ワイエムシーエー》トレーニングスクールに入学、07年に卒業《そつぎょう》した。08年に帰国して日本女子大学講《こう》師《し》となり、ＹＭＣＡ《ワイエムシーエー》の協力《きょうりょく》を得《え》て民《みん》間《かん》のボランティア団体《だんたい》をつくった。日本にはじめてバスケットボールやバレーボールを紹介《しょうかい》。１９１３年、肺《はい》結核《けっかく》のため亡《な》くなった。

安部磯雄《あべいそお》（1865〜1949年）

福岡《ふくおか》県出身。１８９１年にアメリカ、ドイツに留学《りゅうがく》。１９０１年に早《わ》稲田《せだ》大学体育部長になると、野球部を創設《そうせつ》。慶應《けいおう》大学野球部に挑戦状《ちょうせんじょう》を送り、早慶戦《そうけいせん》を始めた。早稲田《わせだ》は初《はっ》のアメリカ遠征《えんせい》をおこない、野球の練習法《れんしゅうほう》や技術《ぎじゅつ》をもち帰った。それを全国に伝《つた》え、日本における野球の発展《はってん》に貢献《こうけん》、「日本野球の父」ともよばれる。

岸《きし》清一《せいいち》（1867〜1933年）

島根《しまね》県松江《まつえ》市出身。東京帝国《ていこく》大学を卒業《そつぎょう》後、弁護士《べんごし》として活動。東大時代はボート部で活躍《かつやく》、東大運動会の委員長となって学生スポーツ界の発展《はってん》に力を注いだ。１９２１年に大日本体育協会《きょうかい》第2代会長に、24年にはＩＯＣ《アイオーシー》委員になった。日本の体育・スポーツ界発展《はってん》のためにつくし、「日本近代スポーツの父」といわれる。

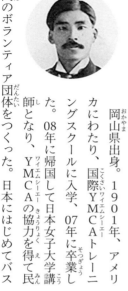

杉村《すぎむら》陽《よう》太《た》郎《ろう》（1884〜1939年）

東京出身。中学時代は治五郎《じごろう》が開いた嘉納塾《かのうじゅく》に入塾《にゅうじゅく》。東京帝国《ていこく》大学卒《そつ》業《ぎょう》後、外務省《がいむしょう》に入り、１９２７年に国際連盟事務《こくさいれんめいじむ》次長兼政務《けんせいむ》部長となった。１８５センチ、１００キロをこえる大きな体で、柔道《じゅうどう》6段《だん》。剣道《けんどう》や乗馬もこなし、水泳も得意《とくい》。１９３７年、駐《ちゅう》フランス大使となるが、39年、ガンで亡《な》くなった。

金栗《かなくり》四《し》三《そう》（1891〜1983年）

熊本《くまもと》県和水町《なごみまち》出身。１９１２年ストックホルム・オリンピックに出場。マラソン競技《きょうぎ》で日本人初《はつ》のオリンピック選手《せんしゅ》となったが途中棄権《とちゅうきけん》。67年にストックホルムを訪《おとず》れ、ゴールをはたす。54年8か月6日5時間32分20秒3はオリンピック史上《しじょう》もっとも遅《おそ》いマラソン記録《きろく》。毎年正月におこなわれる箱根駅伝《はこねえきでん》の開催《かいさい》にも力をつくした。

副島道正《そえじまみちまさ》（1871〜1948年）

外務大臣《がいむだいじん》や内務大臣《ないむだいじん》などをつとめた副島種臣《そえじまたねおみ》の三男として、東京に生まれる。イギリスのケンブリッジ大学を卒業《そつぎょう》。実業家として活躍《かつやく》。大日本バスケットボール協会《きょうかい》会長もつとめた。学習院《がくしゅういん》時代に治五郎《じごろう》の教えを受けた。１９３４年ＩＯＣ《アイオーシー》委員になり、36年のＩＯＣ総会《アイオーシーそうかい》で東京オリンピックの招致《しょうち》につくした。

三《み》島《しま》弥《や》彦《ひこ》（1886〜1954年）

東京都千代田《ちよだ》区出身。子爵《ししゃく》の家柄《いえがら》で、スポーツ万能《ばんのう》、学習院《がくしゅういん》から東京帝国《ていこく》大学に進学し、学業も優秀《ゆうしゅう》だった。１９１２年ストックホルム・オリンピックに短距離走《たんきょりそう》で出場。日本人初《はつ》のオリンピック選手《せんしゅ》となった。治五郎《じごろう》や金栗《かなくり》と雪辱《せつじょく》をちかったが、帝大卒業《ていだいそつぎょう》後は兄のいる横浜正金《よこはましょうきん》銀行（現《げん》・三菱ＵＦＪ《みつびしユーエフジェイ》銀行）に入り、金融界《きんゆうかい》で働《はたら》いた。

用語解説

◆柔道《じゅうどう》とＪＵＤＯ《ジュードー》

柔道《じゅうどう》は、嘉納治五郎《かのうじごろう》が日本古来の柔術《じゅうじゅつ》のさまざまな流派《りゅうは》を研究して、それぞれのよい部分を取り入れながら、自らの工夫《くふう》を加《くわ》えて完成《かんせい》させた。最初《さいしょ》は「柔《じゅう》よく剛《ごう》を制《せい》す」という、相手の力を利用《りよう》して勝つことを理念《りねん》としていた。やがて、相手に勝つことだけが目的《もくてき》ではなく、おたがいに競《きそ》い合《あ》い、ともに成長《せいちょう》できるという考え「精《せい》力善用《りょくぜんよう》・自他共栄《じたきょうえい》」の教えになった。現在《げんざい》中学校体育では、柔道《じゅうどう》などの武道《ぶどう》が必修科目《ひっしゅうかもく》となっている。

柔道《じゅうどう》は、日本だけでなく海外へも普及《ふきゅう》し、１９６４年には東京オリンピックで正式競技《きょうぎ》となった。さらに世界中でさかんになり、観戦者《かんせんしゃ》がふえると、だれもがわかりやすいように、青い柔道衣《じゅうどうい》を取り入れたり、抑《おさ》えこみの時間を変《か》えたりするなど、日本の柔道《じゅうどう》から世界のＪＵ《ジュー》ＤＯ《ドー》へと発展《はってん》した。

◆ＩＯＣ《アイオーシー》とＪＯＣ《ジェイオーシー》

ＩＯＣ《アイオーシー》（国際《こくさい》オリンピック委員会）は１８９４年のオリンピック復興会議《ふっこうかいぎ》で設立《せつりつ》された、オリンピック開催《かいさい》の中心となる機関《きかん》。本部はスイスのローザンヌにある。

１１５人のＩＯＣ《アイオーシー》委員で組織《そしき》するＩＯＣ総会《アイオーシーそうかい》で、オリンピックの開催《かいさい》都市などが決定される。初代《しょだい》会長はギリシャのディミトリオス・ビケラスで、クーベルタンが第２代。２０１８年現在《げんざい》のＩＯＣ《アイオーシー》会長は第９代、ドイツのトーマス・バッハ。

ＩＯＣ《アイオーシー》のもと、各国《かっこく》の国内オリンピック委員会（ＮＯ《エヌオー》Ｃ《シー》）が置《お》かれる。日本のＮＯＣ《エヌオーシー》が日本オリンピック委員会（ＪＯＣ《ジェイオーシー》）だ。ＪＯＣ《ジェイオーシー》の始まりは、１９１１年に治《じ》五郎《ごろう》がつくった大日本体育協会《きょうかい》。ＪＯＣ《ジェイオーシー》は１９８９年、日本体育協会《きょうかい》（現《げん》・日本スポーツ協会《きょうかい》）から分離独立《ぶんりどくりつ》した。２０１８年現在《げんざい》の会長は第15代、竹田恒和《たけだつねかず》。

年表 嘉納治五郎が活躍した時代

時代	西暦《せいれき》	年齢《ねんれい》	嘉納治五郎《かのうじごろう》のできごと
江戸《えど》	1860	0	●12月10日（旧暦《きゅうれき》10月28日）、摂津国御影村《せっつのくにみかげむら》（現《げん》・兵庫《ひょうご》県）神戸《こうべ》市東灘《ひがしなだ》区御影《みかげ》）に嘉納家《かのうけ》の三男として生まれる
明《めい》治《じ》	1869	9	●9月、母・定子《さだこ》が病気で亡《な》くなる
	1870	10	●兄・謙作《けんさく》とともに上京、父のもとでくらし始める。12月、幼名伸之助《ようめいしんのすけ》から治五郎《じごろう》に改名《かいめい》
	1872	12	●箕作秋坪《みつくりしゅうへい》の三叉学舎《さんさがくしゃ》に学ぶ
	1873	13	●芝烏森町《しばからすもりまち》の育英義塾《いくえいぎじゅく》に入塾《にゅうじゅく》
	1874	14	●官立《かんりつ》外国語学校（現《げん》・東京外国語大学）入学
	1875	15	●外国語学校を卒業《そつぎょう》、官立開成《かんりつかいせい》学校（現《げん》・東京大学）入学
	1877	17	●開成《かいせい》学校が東京大学に名前をあらため、東京大学文学部1年に編入《へんにゅう》 ●天神真楊流柔術《てんじんしんようりゅうじゅうじゅつ》に入門、福田八之助《ふくだはちのすけ》に師事《しじ》

時代	西暦《せいれき》	オリンピックと世の中のできごと
江《え》戸《ど》	1860	●咸臨丸《かんりんまる》がアメリカに向けて出航《しゅっこう》、勝海舟《かつかいしゅう》が艦長《かんちょう》となる
	1863	●1月1日、クーベルタンがパリで生まれる
	1867	●大政奉還《たいせいほうかん》がおこなわれる
明《めい》治《じ》	1868	●江戸《えど》が東京にあらためられる
	1872	●6歳以上《さいいじょう》の男女すべてが教育を受ける、学制《がくせい》がしかれる

年表 嘉納治五郎が活躍した時代

時代	西暦《せいれき》	年齢《ねんれい》	嘉納治五郎《かのうじごろう》のできごと
明《めい》治《じ》	1881	21	●起倒流《きとうりゅう》柔術《じゅうじゅつ》に入門、飯久保恒年《いいくぼつねとし》に師事《しじ》
	1882	22	●東京大学文学部政治《せいじ》・理財《りざい》学科を卒業《そつぎょう》、同大文学部哲《てつ》学選科《がくせんか》に入学 ●柔道《じゅうどう》をつくりだし、柔道《じゅうどう》を教える場所として、「講道《こうどう》館《かん》」を開く ●嘉納塾《かのうじゅく》をつくる ●学習院研修科《がくしゅういんけんしゅうか》の講師《こうし》となる
	1883	23	●起倒流《きとうりゅう》柔術《じゅうじゅつ》の免許皆伝《めんきょかいでん》
	1889	29	●フランス、ドイツ、オーストリアなどヨーロッパを視察《しさつ》
	1891	31	●竹添須磨子《たけぞえすまこ》と結婚《けっこん》 ●第五高等中学校（現《げん》・熊本《くまもと》大学）の校長になる
	1893	33	●第一高等中学校（現《げん》・東京大学 教養《きょうよう》学部）の校長になる ●東京高等師範《しはん》学校（現《げん》・筑波《つくば》大学）の校長になる
	1909	49	●オーギュスト・ジェラールと面会、アジア人初《はつ》のIO《アイオー》C《シー》委員になる
	1910	50	●IOC《アイオーシー》総会《そうかい》にはじめて参加《さんか》

時代	西暦《せいれき》	オリンピックと世の中のできごと
明《めい》治《じ》	1889	●大日本帝国憲法発布《ていこくけんぽうはっぷ》 ●フランスでパリ万博開催《ばんぱくかいさい》
	1894	●IOC《アイオーシー》創立《そうりつ》
	1896	●第1回オリンピック・アテネ大会開催《かいさい》
	1900	●第2回オリンピック・パリ大会開催《かいさい》
	1904	●日露戦争《にちろせんそう》（～05）
大《たい》正《しょう》	1912	●第5回オリンピック・ストックホルム大会開催《かいさい》 ●日本はオリンピック初参加《はつさんか》
	1914	●第一次世界大戦《せかいたいせん》（～19）
	1916	●第6回オリンピック・ベルリン大会が第一次世界大戦《せかいたいせん》のため中止
	1920	●第7回オリンピック・アントワープ大会開催《かいさい》。オリンピック旗《き》の掲揚《けいよう》・選手宣誓《せんしゅせんせい》がはじめておこなわれる ●国際連盟発足《こくさいれんめいほっそく》
	1923	●関東大震災《かんとうだいしんさい》

大《たい》正《しょう》　昭《しょう》和《わ》

1911	51	●日本初《はつ》の体育団体《だんたい》、大日本体育協会《きょうかい》（現《げん》・日本スポーツ協会《きょうかい》）設立《せつりつ》、会長になる
1912	52	●国際《こくさい》オリンピック競技《きょうぎ》大会予選会《よせんかい》で、審判長《しんぱんちょう》をつとめる ●第5回オリンピック・ストックホルム大会に団長《だんちょう》として参加《さんか》
1920	60	●第7回オリンピック・アントワープ大会に出席《しゅっせき》
1922	62	●「精力善用《せいりょくぜんよう》」「自他共栄《じたきょうえい》」を発表
1928	68	●第9回オリンピック・アムステルダム大会に出席《しゅっせき》
1932	72	●第10回オリンピック・ロサンゼルス大会に出席《しゅっせき》 ●IOC《アイオーシー》総会《そうかい》で東京招致演説《しょうちえんぜつ》をおこなう
1936	76	●IOC《アイオーシー》会長バイエ＝ラツールが来日、日本を案内《あんない》する ●第11回オリンピック・ベルリン大会に出席《しゅっせき》 ●IOC《アイオーシー》総会《そうかい》に出席《しゅっせき》、1940年オリンピックの開催地《かいさいち》が東京に決定
1938 5月	77	●カイロで開催《かいさい》されたIOC《アイオーシー》総会《そうかい》に出席《しゅっせき》 ●オリンピアで実施《じっし》されたクーベルタンの慰霊祭《いれいさい》に参加《さんか》 ●5月、シアトルからの帰国船、氷川丸《ひかわまる》船上で肺炎《はいえん》のため帰らぬ人となる

昭《しょう》和《わ》

1924	●第1回冬季《とうき》オリンピック・シャモニー・モンブラン大会開催《かいさい》 ●第8回オリンピック・パリ大会開催《かいさい》
1928	●第2回冬季《とうき》オリンピック・サン・モリッツ大会開催《かいさい》 ●日本冬季《とうき》オリンピック初参加《はつさんか》 ●第9回オリンピック・アムステルダム大会開催《かいさい》
1932	●第10回オリンピック・ロサンゼルス大会開催《かいさい》
1933	●日本が国際連盟《こくさいれんめい》を脱退《だったい》
1936	●第11回オリンピック・ベルリン大会開催《かいさい》
1937	●日中戦争《にっちゅうせんそう》が始まる ●クーベルタンがスイス・ジュネーブで亡《な》くなる
1938	●1940年オリンピック・東京大会開催《かいさい》の中止が決定
1939	●第二次世界大戦《せかいたいせん》（〜45）
1964	●第18回オリンピック・東京大会開催《かいさい》
2020	●東京オリンピック・パラリンピック開催予《かいさいよ》定《てい》

●写真提供・協力

公益財団法人講道館、一般財団法人生涯学習開発財団、玉名市

●おもな参考文献

『気概と行動の教育者　嘉納治五郎』（生誕１５０周年記念出版委員会編・2011年、筑波大学出版会）

『嘉納治五郎　私の生涯と柔道』（嘉納治五郎著・1997年、日本図書センター）

『現代スポーツは嘉納治五郎から何を学ぶのか』（菊幸一編著・2014年、ミネルヴァ書房）

『小説　嘉納治五郎』（戸川幸夫著・1991年、読売新聞社）

『嘉納治五郎と安部磯雄』（丸屋武士著・2014年、明石書店）

『近代オリンピックのヒーローとヒロイン』（池井優著・2016年・慶應義塾大学出版会）

『オリンピックの政治学』（池井優著・1992年・丸善）

『日本体育協会、日本オリンピック委員会100年史』（日本体育協会・日本オリンピック委員会編・2012年）

『ＪＯＡオリンピック小事典』（日本オリンピック・アカデミー編著・2016年、メディアパル）

『日本代表オリンピック全選手・役員名鑑　〈分冊〉オリンピック競技大会略史』（佐野慎輔著・2018年、出版文化社）

『ＩＯＣ』（猪谷千春著・2013年、新潮社）

『20世紀特派員４』（産経新聞20世紀特派員取材班著、1998年、産経新聞社）

『日本のスポーツとオリンピック・パラリンピックの歴史』（笹川スポーツ財団編・2017年）

『オリンピック・パラリンピックのレガシー』（笹川スポーツ財団編・2018年）

『SAYONARA国立競技場56年の奇跡』（日本スポーツ振興センター著・2014年）

『国立競技場の100年』（後藤健生著・2013年、ミネルヴァ書房）

『東京オリンピックへの遥かな道』（波多野勝著・2004年、草思社）

『幻の東京オリンピックとその時代』（坂上康博、高岡裕之編著・2009年、青弓社）

『幻の東京五輪・万博1940』（夫馬信一著・2016年、原書房）

『「幻の東京オリンピック」の夢にかけた男』（古城庸夫著・2016年、春風社）

『カール・ディームの生涯と体育思想』（加藤元和著・1985年、不昧堂出版）

著者紹介

著者 **佐野慎輔**（さの　しんすけ）

1954年、富山県高岡市生まれ。早稲田大学卒。

産経新聞シドニー支局長、編集局次長兼運動部長、取締役サンケイスポーツ代表等を経て、2014年6月から特別記者兼論説委員（現職）。

かたわら早稲田大学非常勤講師、立教大学非常勤講師、笹川スポーツ財団理事・上席特別研究員、日本オリンピック・アカデミー理事、東京オリンピック・パラリンピック組織委員会メディア委員、野球殿堂競技者表彰委員などを務める。

共著に『オリンピック・パラリンピックのレガシー』（2018年・笹川スポーツ財団）、『日本のスポーツとオリンピック・パラリンピックの歴史』（2017年・笹川スポーツ財団）など。

絵 **しちみ楼**（しちみ　ろう）

1983年東京生まれ。漫画家。
2017年リイド社が運営するWeb漫画サイト
「リイドカフェ」にてデビュー。
同サイトにてホラー漫画「ピーヨ」を連載中。
著書：『ピーヨと魔法の果実』（リイド社）

オリンピック・パラリンピックにつくした人びと

嘉納《かのう》治《じ》五郎《ごろう》

2018年10月23日　第1刷発行

著　佐野慎輔

絵　しちみ楼

発行者　小峰広一郎

発行所　株式会社小峰書店

〒162-0066　東京都新宿区市谷台町4-15

TEL 03-3357-3521　FAX 03-3357-1027　https://www.komineshoten.co.jp/

ブックデザイン　アンシークデザイン

組版・印刷　株式会社三秀舎

製本　小髙製本工業株式会社

ISBN978-4-338-32202-7　NDC780　165P　22 × 16cm

オリンピックのあゆみ

西暦《せいれき》（年）	オリンピックのあゆみ
1945	●第二次世界大戦《せかいたいせん》が終戦《しゅうせん》をむかえる
1948	❺サン・モリッツ冬季《とうき》大会 ⑭ロンドン大会
1952	❻オスロ冬季《とうき》大会 ⑮ヘルシンキ大会
1956	❼コルチナ・ダンペッツオ冬季《とうき》大会 ⑯メルボルン大会
1960	❽スコーバレー冬季《とうき》大会 ⑰ローマ大会
1964	❾インスブルック冬季《とうき》大会 ⑱東京大会
1968	❿グルノーブル冬季《とうき》大会 ⑲メキシコシティ大会
1972	⓫札幌《さっぽろ》冬季《とうき》大会 ⑳ミュンヘン大会
1976	⓬インスブルック冬季《とうき》大会 ㉑モントリオール大会
1980	⓭レークプラシッド冬季《とうき》大会 ㉒モスクワ大会
1984	⓮サラエボ冬季《とうき》大会 ㉓ロサンゼルス大会
1988	⓯カルガリー冬季《とうき》大会 ㉔ソウル大会

パラリンピックのあゆみ

西暦《せいれき》（年）	パラリンピックのあゆみ
1945	●第二次世界大戦《せかいたいせん》が終戦《しゅうせん》をむかえる
1948	●第1回ストーク・マンデビル競技《きょうぎ》大会
1952	●第1回国際《こくさい》ストーク・マンデビル大会
1960	①ローマ大会
1964	②東京大会
1968	③テルアビブ大会
1972	④ハイデルベルク大会
1976	❶エンシェルツビーク冬季《とうき》大会 ⑤トロント大会
1980	❷ヤイロ冬季《とうき》大会 ⑥アーネム大会
1984	❸インスブルック冬季《とうき》大会 ⑦ニューヨーク／ストーク・マンデビル大会
1985	●「パラリンピック」が大会の正式《せいしき》名称《めいしょう》となる
1988	❹インスブルック冬季《とうき》大会 ⑧ソウル大会

①…夏季《かき》大会開催《かいさい》回　❶…冬季《とうき》大会開催《かいさい》回

つくした人びと

金栗四三《かなくりしそう》 1983

田畑政治《たばたまさじ》 1984

中村 裕《なかむらゆたか》 1984